나미 부부의

# 성경 속 나무 스토리텔링

이광만 · 소경자 지음

나무와 문화 연구소

나미 부부의

# 성경 속 나무 스토리텔링


1쇄 발행 · 2018년 6월 29일
지은이 · 이광만 · 소경자
발 행 · 이광만
출 판 · 나무와 문화 연구소

등 록 · 제2010-000034호
카 페 · cafe.naver.com/namuro
e-mail · visiongm@naver.com
ISBN · 978-89-965666-1-8 03230

정 가 · 20,000원

국립중앙도서관 출판예정도서목록(CIP)

(나미 부부의) 성경 속 나무 스토리텔링 : 성경 속에 나오는 재미있는 38종의 나무 이야기 / 저자 : 이광만, 소경자. — [대구] : 나무와 문화 연구소, 2018
p. ; cm

참고문헌과 색인수록
ISBN 978-89-965666-1-8 03230 : ₩20000

나무(식물)[木]
성경[聖經]

485.16-KDC6
582.16-DDC23 CIP2018020666

# 저 | 자 | 소 | 개

PROFILE

## 이 광 만 _나무와 문화 연구소 소장

경북대학교 전자공학과에서 학사 및 석사학위를 받았다. 그 후 20년 동안 이와 관련된 분야에서 근무하다가 2005년 조경수 재배를 시작하여, 대구 근교에서 조경수 농장을 운영하고 있다. 2012년 경북대학교 조경학과에서 석사학위를 받았으며, 현재 조경 관련 일과 나무와 관련된 책 집필 및 '나무스토리텔링' 강연활동을 하고 있다. 숲해설가, 산림치유지도사, 문화재수리기술자(조경).

저서로는 ≪나무 스토리텔링≫, ≪한국의 조경수(1)(2)≫, ≪나뭇잎 도감≫, ≪그림으로 보는 식물용어사전≫, ≪겨울눈 도감≫, ≪우리나라 조경수 이야기≫, ≪전원주택 정원 만들기≫, ≪문화재수리기술자(조경)≫, ≪문화재관련법령≫ 등이 있다.

## 소 경 자 _나무와 문화 연구소 부소장

경북대학교 화학과에서 학사 및 석사학위를 받았다. 그 후 오랫동안 교사로 근무하였으며, 지금은 숲해설가 및 식물의 원예활동을 통한 인간의 신체와 정신의 치유를 도모하는 원예치료복지사로 활동하고 있다. 〈나무와 문화 연구소〉에서 원예치료 및 산림분야를 연구하고 있다. 숲해설가, 원예치료복지사.

저서로는 ≪한국의 조경수(1)(2)≫, ≪나뭇잎 도감≫, ≪그림으로 보는 식물용어사전≫, ≪겨울눈 도감≫, ≪우리나라 조경수 이야기≫, ≪전원주택 정원 만들기≫ 등이 있다.

# 나무와 문화 연구소

Cafe Information

## 나무와 문화 연구소 _cafe.naver.com/namuro

나무와 문화 연구소

〈나무와 문화 연구소〉는 2010년에 설립된 출판사로 나무 혹은 식물과 관련된 책을 출간하고 있다. 또, 출판사 카페 〈나무와 문화 연구소〉를 통해서 식물도감, 조경수, 정원 등 조경에 대한 종합적인 정보를 제공하고 있다.

## 머리말

성경은 기독교의 경전을 일컫는 말로, 본래는 유대교의 경전인 《구약성경》과 기독교 이후에 집필된 《신약성경》을 하나로 묶은 책이다. 성경聖經이란 '성스러운 경전'이라는 뜻으로, 우리나라를 비롯한 한자 문화권에서는 기독교의 경전만을 가리키고, 다른 종교의 경전은 다른 이름을 사용하고 있어서 반감을 느끼는 사람도 있다.

《구약성경》은 〈창세기〉부터 〈말라기〉까지 39권으로, 원전은 히브리어로 기록되어 있으며, 고대 이스라엘 역사, 모세의 율법, 시편, 예언서 등의 내용으로 구성되어 있다. 《신약성경》은 '새로운 약속'이라는 뜻을 가지며, 예수님의 언행을 기록한 4권의 복음서 〈마태복음〉, 〈마가복음〉, 〈누가복음〉, 〈요한복음〉과 그 제자들의 전도 행각에 관한 기록인 〈사도행전〉, 여러 사도들의 편지글서간서 및 예언서요한의 묵시록 등 27서로 구성되어 있으며, 전부 그리스어로 쓰여 있다. 성경 속에는 다양한 인물들이 등장하며, 이들의 이야기를 소재로 하여 서양의 문학, 음악, 회화, 조각 등 다양한 예술 작품이 탄생하였다. 그래서 성경을 이해하지 못하면, 전 세계로 널리 퍼진 기독교 문화를 이해하기가 어렵다.

기독교인이라면 누구나 성경을 충실히 읽고, 그 뜻에 맞게 행동해야 함은 기본이다. 그러나 막상 《구약성경》을 읽으려고 책을 펴면 많은 등장인물과 그들의 생소한 이름으로 혼란을 겪기도 한다. 또, 《신약성경》을 펼치면 제일 먼저 예수님의 족보가 나온다.

"아브라함이 이삭을 낳고 이삭은 야곱을 낳고 야곱은 유다와 그의 형제를 낳고, 유다는 다말에게서 베레스와 세라를 낳고 베레스는 헤스론을 낳고 헤스론은 람을 낳고, 람은 아미나답을 낳고 아미나답은 나손을 낳고 나손은 살몬을 낳고, 살몬은 라합에게서 보아스를 낳고 보아스는 룻에게서 오벳을 낳고 오벳은 이새를 낳고,

이새는 다윗왕을 낳으니라, 다윗은 우리야의 아내에게서 솔로몬을 낳고, 솔로몬은 르호보암을 낳고 르호보암은 아비야를 낳고 아비야는 아사를 낳고 ……"

어지간히 인내심이 없는 사람이라면, 조금 읽어내려 가다가 성경을 덮기가 일쑤다. 이처럼 기독교인이라면 꼭 읽어야 할 책이지만, 끝까지 읽기가 쉽지 않은 책이기도 하다. 그러면 성경과 친해질 수 있는 방법은 없을까?

하느님은 셋째 날, 땅에 풀과 각기 종류대로 씨 맺는 채소와 각기 종류대로 씨 가진 열매 맺는 나무를 창조하였다. 사실 아담과 하와보다 먼저 채소와 나무 등의 식물을 창조한 것이다. 하느님이 더 소중하게 여기는 존재여서일까? 그래서인지 사람들은 누구나 나무에게 친근감을 느끼며, 그 속에서 편안한 휴식을 가진다.

우리에게 친숙한 나무와 읽기가 부담스러운 성경을 조합하여 재미있는 스토리텔링을 만들어보면 어떨까? 〈성경 속 나무 스토리텔링〉은 이러한 고민의 결과로 나온 책이다.

이 책은 성경 속에 나오는 38종의 나무를 편의상 다섯 파트로 나누어 기술하였다. 첫 번째 파트에서는 무화과나무, 올리브나무, 포도나무 등 과일나무를 소개하였으며, 두 번째 파트에서는 계피나무, 백향목, 월계수 등 목재나 향료로 쓰이는 실용수를 다루었으며, 세 번째 파트에서는 키 큰 교목, 네 번째 파트에서는 키 작은 관목, 마지막 파트에서는 담쟁이덩굴, 소돔의 사과 등 그 외의 수종을 소개하였다.

아무쪼록 이 책을 통해서 많은 독자들이 하느님의 말씀과 조금이나마 더 친숙해지고, 또 성경과 더 가까워지는 기회가 되었으면 하는 바람이다.

2018년 6월 **이광만 · 소경자**

## 목차

## PART 03 교목

## PART 04 관목

PART **05** 그 외의 나무

나미 부부의

# 성경 속 나무 스토리텔링

**01 무화과나무** 인류 최초의 의복 소재 · 무화과나무 그늘은 평화와 번영의 상징 · 무화과는 피부염의 특효 치료제 · 무화과나무의 저주 사건 · 로마 신화 속의 신성한 나무

**02 사과나무** _사과나무에 대한 해석 · 사과가 마르멜로 또는 시트론이라는 주장 · 선악과는 사과인가? · 애플 오브 더 아이(apple of the eye) · 트로이 전쟁의 발단이 된 황금사과

**03 아몬드나무(살구나무)** _아론의 지팡이에 핀 꽃 · 가장 먼저 봄을 알리는 희망의 꽃 · 메노라와 살구나무 가지 · 데모폰과 필리스

**04 석류나무** _축복받은 7가지 식물 중 하나 · 솔로몬 성전과 왕궁의 석류 장식 · 석류의 상징성 · 다윗의 별과 석류 · 지하세계의 열매

# PART 01: 과일 나무

01

나미 부부의 성경 속 나무 스토리텔링

# 무화과나무

무화과나무는 인류가 오래 전부터 재배해 온 과수 가운데 하나이다. 지중해 연안, 서부아시아, 아라비아 남부 등이 원산지이며, 기원전 2,000년경부터 이스라엘을 비롯한 성지에서 널리 재배되었다. 고대 팔레스타인의 소도시 게제르에서 신석기시대(기원전 5,000년)의 건무화과가 출토된 것으로 보아, 그 지역 사람들의 중요한 양식이었음을 알 수 있다.

우리나라에서 재배되는 무화과나무는 키가 2~4m 정도이지만, 원산지에서는 5~10m까지 자라는 낙엽수다. 잎은 어긋나며(互生), 넓은 달걀형이고 3~5개로 깊게 갈라진 손바닥 모양의 장상잎(掌狀葉)이다. 잎이나 줄기를 자르면 젖 같은 진이 나온다.

열매인 무화과는 은화과(隱花果)이며, 우리가 흔히 열매라고 부르는 것은 비대해져서 다육질로 변한 꽃턱(花托)이다. 서양배 모양의 거꿀달걀형으로 밑쪽은 좁고 위쪽은 넓으며, 그 안쪽에 자잘한 꽃이 많이 붙어있다. 꽃이 꽃턱 안에 숨어 있어서 보이지 않기 때문에 무화과(無花果)라는 이름으로 불린다. 무화과를 먹으면 작은 모래알 같이 씹히는 것이 있는데, 이것이 진짜 열매이며 씨이다. 미성숙 열매에는 독이 있지만, 완전히 익으면 유독성분은 없어지고 당분이 많아진다.

무화과는 보통 꽃주머니 속에 수꽃과 암꽃이 함께 있는 양성화이지만, 야생종에서는 같은 그루에 수꽃과 암꽃이 따로 피는 암수한그루(雌雄同株)이다. 품종은 카프리종(carpri), 스미루나종(smyruna), 산페드로종(sanpedro), 보통종(common)의 네 계통으로 분류된다. 이 중에서 소아시아 및 아라비아 지방의 야생종인 카프리종은 화방 내에 화주가 짧은 수꽃과 화주가 긴 암꽃을 가지고 있으며, 무화과꼬마말벌(*Blastophaga psenes*)이라고 하는 기생벌의 작은 유충이 암꽃 내에 생식하여 작은 꽃을 형성한다.

스미루나종은 건과용으로 널리 재배되고 있으며, 꽃받침에 긴 화주의 암꽃만을 가지고 단위결실은 하지 않는다. 씨를 맺기 위해서는 무화과꼬마말벌에 의한 카프리종의 수분(授粉)이 필요하다. 보통종은 우리나라와 일본에서 가장 많이 재배하는 품종으로 수꽃이 없고, 수정이 필요 없는 암꽃만으로 단위결실한다.

무화과나무의 학명은 피쿠스 카리카(*Ficus carica*)인데, 속명(*Ficus*)은 '먹을 수 있는 무화과나무(the edible fig)'에 대한 고대 라틴어 이름이며, 종소명(*carica*)은 그리스인이 소아시아 서남부의 카리아(Caria)에서 옮겨왔다고 하여 붙여진 이름이다. 그리스에서는 국내에서 생산되는 양질의 무화과를 국외로 반출하는 것을 법령으로 엄격하게 금했다고 한다. 그래도 밀수출이 끊이지 않아 밀고자 제도를 두어 단속했으며, 이 밀고자를 sukophantai (discoverers of figs)라 불렀다. 영어 sycophant(아첨꾼)이라는 단어도 여기에서 유래된 것이다.

▲ 무화과나무(*Ficus carica*)

## 인류 최초의 의복 소재

여자가 그 나무를 본즉 먹음직도 하고 보암직도 하고 지혜롭게 할만큼 탐스럽기도 한 나무인지라 여자가 그 실과를 따먹고 자기와 함께한 남편에게도 주매 그도 먹은지라
이에 그들의 눈이 밝아 자기들의 몸이 벗은 줄을 알고 무화과나무 잎을 엮어 치마를 하였더라 _창세기 3;6-7

무화과나무는 성경 속에 적어도 57회 이상 거론될 정도로 중요한 식물이다. 또한 〈창세기〉 3장에 처음으로 무화과라는 이름이 나오는데, 이것은 성경에서 가장 먼저 등장하는 식물의 이름이기도 하다.

이 구절에서 아담과 하와는 뱀의 꼬임에 빠져 금단의 열매를 따먹고 눈이 밝아져서, 자기들의 몸이 벌거벗은 것을 알고 무화과나무 잎을 엮어 치마를 만들어 치부를 가렸다고 했다. 그러면 아담과 하와는 왜 하필 무화과나무 잎으로 앞을 가렸을까? 그것은 무화과나무가 바로 옆에 있었기 때문에, 급한 상황에서 얼른 그 잎을 땄을 것으로 추측된다. 또 큰 무화과나무 잎이 그들의 부끄러운 부분을 가리기에 충분했기 때문일 것이다.

따라서 무화과 나뭇잎은 옷을 입지 않아도 되었던 인류의 조상이, 처음 옷을 입기 시작하면서 선택한 천연소재 의복이라 할 수 있다. 이런 주장을 바탕으로 에덴동산에서 아담과 하와가 따먹은 선악과善惡果가 사과가 아니라 무화과라는 주장을 하는 학자도 있다. 그 이유로 그들이 부끄러움을 느끼고 급하게 치부를 가렸다고 한다면, 바로 옆에 있는 나무의 잎을 땄을 것으로 생각하기 때문이다. 따라서 에덴동산 어디에서나 흔한 나무가 무화과나무였으므로, 선악과가 무화과라고 주장하는 것이다.

그러나 어떤 학자는 이것이 무화과나무 잎이 아니라 몽키바나나*Musa Paradisiaca* 잎이라는 주장을 펴기도 한다. 몽키바나나는 속칭 '아담의 무화과' 라 불리며, 독일어로 아담스페이게Adamsfeige, 프랑스어로 피규에 다담

figuier d' Adam이라 한다.

만약 치마를 만들어 입은 잎이 바나나 잎이라고 한다면, 무화과나무 잎처럼 여러 장을 엮어서 치마를 만들 필요 없이, 한 장의 잎만으로도 부끄러움을 가리기에 충분했을 것이다.

▲ 〈인간의 타락〉 티치아노 베첼리오

## 무화과나무 그늘은 평화와 번영의 상징

솔로몬의 사는 동안에 유다와 이스라엘이 단에서부터 브엘세바에 이르기까지 각기 포도나무 아래와 무화과나무 아래서 안연히 살았더라

_열왕기상 4:25

각 사람이 자기 포도나무 아래와 자기 무화과나무 아래 앉을 것이라 그들을 두렵게 할 자가 없으리니 이는 만군의 여호와의 입이 이같이 말씀하셨음이니라

_미가서 4;4

성경에는 이 구절 외에도 '자신의 포도나무와 무화과나무 아래 앉다.'라는 말이 여러 곳에 나오는데, 이는 유다인 사이에서 안녕과 번영을 상징하는 표현이다.

무화과나무는 성지에서 높이 5~10m 정도로 크게 자라며 잎도 커서, 큰 그늘을 만들어 주는 훌륭한 녹음수 역할을 한다. 또, '자기 무화과나무 아래에 앉아서 자기 무화과를 먹는다.'는 구절이 여러 번 나오는데, 이것은 집집마다 무화과나무를 재배했음을 말해주는 것이다. 수관이 넓은 무화과나무의 특징을 나타내는 '가지를 넓게 뻗다.'라는 의미의 동사 타안 ta'an에서 무화과를 지칭하는 테에나 teenah가 파생되었다고 한다.

이스라엘은 우기 겨울와 건기 여름로 계절을 구분한다. 10월에서 3월 사이의 우기에는 서쪽 지중해에서 수증기를 품은 바람이 불어오고, 4월에서 9월 사이의 건기에는 동쪽 사막에서 뜨거운 모래바람이 불어온다. 따라서 무더운 건기에는 햇빛이 내리쬐는 곳에서는 숨쉬기조차 힘들지만, 나무그늘에 들어가면 매우 선선하다. 그래서 포도나무나 무화과나무 그늘 아래 앉으면, 한여름에도 시원해서 평화로운 느낌이 든다. 게다가 포도나무나 무화과나무의 잎은 커서 더욱 시원함을 느낄 수 있었으며, 이런 곳에서는 기도하기도 좋았을 것이다.

예수께서 나다나엘이 자기에게 오는 것을 보시고 그를 가리켜 가라사대 보라 이는 참 이스라엘 사람이라 그 속에 간사한 것이 없도다
나다나엘이 가로되 어떻게 나를 아시나이까 예수께서 대답하여 가라사대 빌립이 너를 부르기 전에 네가 무화과나무 아래 있을 때에 보았노라

_요한복음: 1;47-48

빌립은 나다나엘에게 예수님을 소개했지만, 나다나엘은 "나자렛에서 무슨 좋은 것이 나올 수 있겠소?"라며 부정적인 반응을 보였다. 그러나 예수님은 나다나엘이 오는 것을 보고 그에 대하여 말했다. "보라, 저 사람이야말로 참으로 이스라엘 사람이다. 저 사람은 거짓이 없다." 그러자 나타나엘이 "어떻게 저를 아십니까?" 하고 물으니, 예수님이 그에게 "빌립이 너를 부르기 전에, 네가 무화과나무 아래에 있는 것을 내가 보았다." 하고 대답하였다. 단지 무화과나무 아래 있었다는 사실만으로 '거짓이 없는 사람'이라고 판단한 것이다.

무더운 한여름에 무화과나무 아래로 들어가면 무척 시원함을 느낄 수 있으며, 여기에서는 낮잠을 자기도, 공부하기도 혹은 기도하기도 좋았다. 예수님이 나다나엘을 처음 보았을 때, 나다나엘은 무화과나무 아래에서 기도를 하고 있었기 때문에, 그를 거짓 없는 참된 사람으로 판단한 것이다.

## 무화과는 피부염의 특효 치료제

> 이사야는 이르기를 한 뭉치 무화과를 취하여 종처에 붙이면 왕이 나으리라 하였었고 _이사야서 38;21
>
> 이사야가 가로되 무화과 반죽을 가져오라 하매 무리가 가져다가 그 종처에 놓으니 나으니라 _열왕기하 20;7

여름무화과를 수확하여 겨울용으로 보존하기 위해서는 건조시켜 건과로 만들거나 줄에 꿰어 매달아눈다. 이 발린 무화과를 성경에서는 '무화과 과자'라고 하였다.

유다왕 히스기야가 악성종기로 인해 죽게 되었을 때, 예언자 이사야가 건무화과 한 줌을 붙여서 치료했다는 내용이 〈이사야서〉 38장에 나온다. 무화과는 피신ficin이라는 설파제sulfa drug를 함유하고 있어 관절염 종기에 효과가 있으며, 특히 벤즈알데하이드benzaldehyde 성분이 들어 있어서 피부암 등에 큰 효과가 있다는 것이 현대 의학으로 밝혀졌다.

《동의보감》에서는 "무화과는 맛은 달고 식욕을 돋우고 설사를 멎게 한다. 꽃이 피지 않고 열매를 맺는다. 청리靑李와 비슷하면서 약간 길다."라고 하였다. 열매는 완화제, 잎은 구충제 등의 민간요법에 사용되었으며, 항염작용이 있어서 동양에서는 종기나 피부발진에 고약으로 사용해왔다. 또, 잎은 말렸다가 목욕제로 쓰면, 신경통에 효험이 있다고 한다.

무화과 잎이나 줄기에 상처를 내면, 그 부위에서 흰 유액이 나온다. 이 유액은 피신ficin · 펙틴fectin · 리파아제lipase · 아밀라아제amylase 등을 함유하고 있어서, 치질의 도포제로 이용되며, 사마귀나 티눈 등에 바르면 효과가 좋다고 한다.

## 무화과나무의 저주 사건

> 멀리서 잎사귀 있는 한 무화과나무를 보시고 혹 그 나무에 무엇이 있을까 하여 가셨더니 가서 보신즉 잎사귀 외에 아무 것도 없더라 이는 무화과의 때가 아님이라
> 예수께서 나무에게 일러 가라사대 이제부터 영원토록 사람이 네게서 열매를 따 먹지 못하리라 하시니 제자들이 이를 듣더라 _마가복음 11:13-14

이 구절은 예수님이 예루살렘에 입성한 다음날 베다니아에 이르렀을 때, 무화과나무를 저주한 사건에 관한 내용이다. '무화과 철이 아닌 때'에 무화과나무에서 무화과를 찾았는데 없으니까 저주를 내렸다? 이 부분에 대해서는 성서학자마다 해석이 분분하다.

무화과나무는 보통 일 년에 두세 번 열매를 맺는다. 처음 열리는 겨울무

화과는 유월절 무렵에 겨울을 지낸 앙상한 가지에서 새잎과 함께 작은 열매를 맺는다. 그 다음부터 긴 여름 동안에 열리는 여름무화과는 햇가지에서 열매가 달린다. 우리말이나 영어로는 모두 무화과fig라고 하지만, 히브리어로 겨울무화과는 '파게page'라 하고, 그 다음에 열리는 여름무화과는 '테에나teenah'라고 하여 구별하고 있다. 또 겨울무화과는 여름무화과에 비해 작고 당도가 낮기 때문에 상품성이 떨어진다. 그래서 성지에서는 무화과나무 주인이 가난한 이들이나 배고픈 행인들이 따먹는 것을 허락하고 있다.

예수님의 '무화과나무의 저주'는 유월절 즈음에 시장한 예수님이 파게겨울무화과를 찾았으나, 잎만 무성하고 있어야 할 열매를 맺지 않은 무화과나무에 저주를 내린 것으로 해석할 수 있다. 다시 말하자면, 열매를 맺지 못함을 무성한 잎으로 감추려는 위선을 저주한 것이다. 또는 잎만 무성하고 열매를 맺어야 할 때, 맺지 못하는 이스라엘의 영적 상태를 꾸짖은 것으로 해석할 수도 있다.

▲ 〈무화과나무의 저주〉 Walters Art Museum

## 로마 신화 속의 신성한 나무

로마 신화 속에서 무화과나무는 신성한 나무로 숭배되기도 했다. 티투스 리비우스Titus Livius의 ≪로마 건국사≫에 의하면, 기원전 4세기 무렵에 로마의 중앙광장 한가운데에 땅이 꺼지면서 깊은 구멍이 생겼다. 그런데 이상하게도 사람들이 아무리 흙을 가져다 부어도 그 구멍은 메워지지 않았다. 그러자 한 사제가 로마인들이 가진 것 가운데 가장 소중한 것을 구멍에 던지면 구멍도 메워지고, 로마 제국의 영광도 영원히 지속될 것이라는 신탁이 내렸다.

대부분의 로마인들은 그 신탁이 의미하는 바를 깨닫지 못하였다. 이때 쿠르티우스Curtius라는 청년이 무기와 용기를 갖춘 젊은 군인이야말로 로마가 지닌 가장 소중한 것임을 알고 있었다. 그리고 스스로 무장하고 말에 올라타 그 구멍으로 뛰어들어 지하세계의 신 플루토Pluto에게 자신을 바쳤다.

▲ 〈**쿠르티우스의 위업**〉 시몬 데 보스

그러자 땅이 메워지고, 쿠르티우스가 날아 들어간 곳에서 무화과나무가 나왔다고 한다.

▲ 아담과 하와는 자기들이 알몸인 것을 알고, 무화과 잎을 엮어서 치마를 만들어 입었다.
〈**신성자연학(神聖自然學)**〉 요한 야코프 슈이처(1728)

# 사과나무

사과나무(*Malus pumila*)의 속명 말루스(*Malus*)는 라틴어로 사과(apple)를 가리키며, 그리스어 mala(뺨 혹은 턱)에서 유래된 것이다. 또, 종소명 푸밀라(*pumila*)는 라틴어로 '키가 작은'이라는 뜻이다. 앵글로색슨어에서는 사과를 apple(아페루)라고 불렀다. 고영어에서 aeppel로 표기하였지만, 현재는 앵글로색슨어 표기 apple(애플)로 정착되었다. 사과는 프랑스어로 pomme(폼)이라 하는데, 라틴어의 영향을 강하게 받는 로망스어(Romance, 라틴어에서 발달한 프랑스어) 계통의 언어이기 때문에, 열매를 지칭하는 라틴어 pomum(포뭄)이 사과만을 가리키는 말로 변화한 것으로 여겨진다.

구어(Goor)에 의하면, 사과나무는 기원전 4,000년경 이란 · 아르메니아 · 터키 · 시리아 등에서 이스라엘과 이집트로 전해진 것이라고 한다. 초기 농경사회에서 사과나무와 같은 과실나무는 대부분 인접국에서 수입되었다. 유럽에서는 신석기시대부터 재배되었으며, 이집트에서는 람세스 2세 당시의 파피루스 문서에 나일강 삼각주에서 사과 · 석류 · 무화과 · 올리브 등이 재배되었다고 쓰여있다.

고대 로마의 박물학자 플리니우스(Plinius)는 《박물지(Naturalis Historia)》에서 시리아 지방에서 들어온 붉은 사과와 흰 사과 등의 많은 사과 품종에 대해 언급하고 있다.

사과나무는 장미과 사과나무속 소속의 낙엽과수로 높이 8~12m 정도 자라지만, 농부들이 관리하기 편하도록 가지치기를 하여, 이보다 낮게 키우는 경우가 많다. 잎은 어긋나며, 타원형이고 가장자리에 얕고 무딘 톱니가 있다. 봄에 5장의 꽃잎을 가진 흰색 또는 연한 분홍색 꽃이 4~6송이씩 뭉쳐서 핀다. 꽃잎이 피기 전에는 분홍색이지만 피면서 하얀색으로 바뀐다. 야생종 열매는 둥글고 지름이 3~4cm로 작으며, 재배종은 품종에 따라 크기와 색이 다양하다.

사과는 저장성이 뛰어나며, 껍질에 다량의 펙틴(pectin) 성분을 함유하고 있어서 중금속을 해독시켜 암 예방에 도움이 된다고 한다.

▲ 사과나무 (*Malus pumila*)

## 사과나무에 대한 해석

많은 학자들은 성경에 나오는 히브리어 타푸아tappuah와 아랍어 튜파 tuffah가 사과를 지칭한다고 주장하며, 현재 세계 여러 나라에서도 사과로 번역되어 있다. 그 근거로 사과나무가 시원한 그늘을 만들어 주며〈아가〉 8:5, 열매의 맛이 달고〈아가〉 2:3, 향기로우며〈아가〉 7:8, 시원하게 병을 낫게 해준다〈아가〉 2:5라는 성경의 구절을 예로 들고 있다.

하지만 어떤 학자들은 이러한 표현이 사과가 아니라, 살구를 지칭하는 것이라고 주장한다. 그 근거로, 사과나무의 원산지인 코카서스 지방이 팔레스타인 지방을 경계로 하고 있지만, 사과나무 자생지의 남방한계에 속하기 때문에 사과나무가 생육하지 않는다는 것이다. 그리고 야생 사과는 열매가 작고 육질이 딱딱하며 신맛이 나서, 《구약성경》에서 말하는 것과 같은 훌륭한 과일에는 속하지 못한다는 것이다. 또, 팔레스타인 · 시리아 · 시나이 등지에서는 야생 사과나무를 발견할 수 없었다는 조사보고가 있어서 이를 뒷받침하고 있다고 한다. 현재와 같이 크고 맛있는 사과는 비교적 근세에 팔레스타인에 도입되었다는 것이 이들 식물학자들의 견해이다.

성지에서는 무화과 다음으로 많이 나는 과실이 살구이기 때문에, 성경에 나오는 사과가 살구라는 주장은 설득력이 있다. 또, 살구는 요르단 강변, 레바논의 산기슭, 갈릴래아 지방, 유다 지방 등 성지에서 흔하게 볼 수 있으며, 성경구절에서 말하는 나무그늘, 빛깔, 향, 맛 등의 조건과 일치한다. 또 일설에는 노아시대 이전, 포도와 거의 같은 시기에 팔레스타인에 들여와 널리 보급되었다고 하며, 오늘날에도 키프로스에서는 살구를 황금사과golden apple라고 부른다. 살구나무*Prunus armeniaca*의 종소명 아르메니아카*armeniaca*는 흑해 연안의 아르메니아 지방 이름에서 유래한 것이다.

▲ 살구나무(*Prunus armeniaca*)

## 사과가 마르멜로 또는 시트론이라는 주장

성경에 등장하는 사과나무의 동정同定에 대해서는 학자들 간에 이설이 많다. 일반적으로 사과나무는 히브리어로는 타푸아tappuah라 하며, 영어 성경에서는 애플 트리apple tree라 번역하였다. 이 나무가 지금의 사과나무인지, 아니면 다른 어떤 종류의 나무인지는 확실하지 않다.

타푸아를 《70인역 성경》과 《불가타Vulgata 성경》에서는 멜론melon 또는 말룸malum이라 하였다. 이것을 고대 그리스인들이나 로마인들은 특정 과일이 아니라, 일반적인 과실을 가리키는 총칭명으로 사용하였다.

너희는 건포도로 내 힘을 돕고 사과로 나를 시원케 하라 내가 사랑하므로 병이 났음이니라 _아가 2;5

스웨덴 웁살라 대학의 울로프 셀시우스Olof Celsius 교수는 이 나무를 마르멜로*Pyrus cydonia*라고 주장하였다. 그는 고대인들이 마르멜로의 방향을 높이 평가하였으며, 그 열매를 집의 수호신으로 여겨 침실 머리맡에 두었다는 기록을 예로 들고 있다. 또, 아라비아인들이 마르멜로 열매가 건강을 회복시키는 효과가 있다고 믿는 점을 언급하고 있다. 이러한 점은 성경에서 사과가 병을 낫게 한다는 내용과도 상통한다.

마르멜로는 고대인들이 사랑의 여신 비너스에게 봉헌한 과일로 알려져 있다. 그래서 흔히 비너스는 손에 마르멜로를 쥐고 있는 자세로 묘사되었으며, 이 과일을 황금사과라고도 부른다.

한편으로는 마르멜로를 '불화의 열매'라고도 부르는데, 이것은 트로이 전쟁의 발단이 된 파리스Paris의 사과에서 유래된 것이다.

또 다른 학자들은 성서에서 말하는 타푸아가 시트론*Citrus medica*이라는 주장을 하고 있다. 시트론은 예전에는 시트론과 소속이었지만, 지금은 운향과로 분류되고 있다. 시트론 열매는 레몬*C. limonium*이나 라임*C. limetta* 열매와 비슷하며, 달걀형이고 윗부분이 융기해 있어서 오렌지와 구별된다.

첫날에는 너희가 아름다운 나무 실과와 종려 가지와 무성한 가지와 시내 버들을 취하여 너희 하나님 여호와 앞에서 칠일 동안 즐거워할 것이라

_레위기 23:40

유다의 역사가 요세푸스Josephus의 《유다 전쟁기》에 의하면, 율법에서는 초막절 축제에 참가하는 사람들이 시트론 가지를 휴대하였으며, 지금도 유다인들은 초막절 축제에 시트론을 바친다고 한다. 일부 유다인 율법학자는 〈레위기〉 23장에 나오는 '무성한 가지'를 시트론 가지로 해석하고 있다.

▲ 마르멜로(*Pyrus cydonia*)

▲ 시트론(*Citrus medica*)

## 선악과는 사과인가?

여자가 그 나무를 본즉 먹음직도 하고 보암직도 하고 지혜롭게 할만큼 탐스럽기도 한 나무인지라 여자가 그 실과를 따먹고 자기와 함께한 남편에게도 주매 그도 먹은지라 _창세기 3:6

하와가 뱀의 꼬임에 빠져, 하느님이 "너희가 죽지 않으려거든 먹지도 만지지도 마라." 하고 말한 동산 한가운데에 있는 나무열매를 먹는다. 이 사실을 알게 된 하느님이 이 둘을 낙원에서 추방하고, 인간에게 주어진 모든 고통을 짊어지게 한다. 성경 속에는 이 열매가 어떤 열매인지 분명하게 나타나 있지 않지만, 일반적으로 사과라는 것이 정설처럼 되어 있다.

이 선악과善惡果가 사과라고 믿게 된 발단은, ≪구약성경≫을 모티브로 쓴 존 밀턴John Milton의 장편 서사시 《실낙원Paradise Lost》에서 비롯된 것이다. 그는 이 시에서 금단의 열매를 좀 더 리얼하게 나타내기 위해 선악과를 사과라고 표현하였다. 이렇게 되자, 재미있는 이야기가 만들어졌다. 에덴동산의 사과를 딴 하와가 맛있는 부분은 자기가 먼저 먹고 딱딱한 속심은 아담에게 주었는데, 아담이 그것을 먹다가 목후두에 걸려서 목의 후두연골이 돌출되는 결후結喉가 생겼다는 것이다. 그래서 이 결후를 아담의 사과 Adam's apple라고 하며, 아담스 애플은 남자에게만 생기기 때문에 사람들은 이 이야기를 더욱 믿게 되었다.

그러나 성서 식물학자 몰든케Moldenke는 ≪성서의 식물Plants of The Bible≫에서 선악과가 사과가 아니라고 주장하고 있다. 《실낙원》에 나오는 사과에 대한 묘사는 그 당시의 사과와 부합하지 않으며, 사과의 원종인 그래브 애플grab apple은 열매가 작고 신맛이 강하기 때문에 식용할 수 없다는 것이다. 그는 ≪구약성경≫의 내용을 고려해볼 때, 선악을 알게 하는 열매는 살구라는 주장을 폈다. 그리고 팔레스타인 부근에서 살구나무가 발견된 사실을 근거로 들고 있다.

하지만 살구나무의 원산지는 중국 북부로 확인되었으며, 소아시아와 그리스에 전해진 것은 기원 4세기인 알렉산더대왕 시대이다. 〈창세기〉가 기록된 것이 대략 기원전 14세기 정도이므로, 그 당시에 성서의 땅에는 살구나무가 없었을 것이라는 주장도 있다. 이외에 선악과라고 여겨지는 과일로는 무화과, 오렌지 등이 있다.

▲ 〈낙원의 아담과 하와〉 페테르 파울 루벤스

**토막상식**

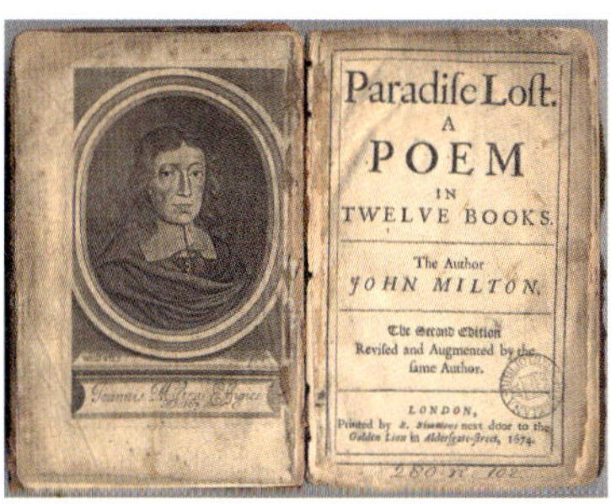


**《실낙원》** 존 밀턴

영국의 시인 밀턴의 장편 서사시로, 《구약성경》을 소재로 아담과 하와의 타락과 낙원추방을 묘사하였으며, 인간의 원죄를 주제로 하고 있다.

## ▷ 애플 오브 더 아이(apple of the eye)

여호와께서 그를 황무지에서, 짐승의 부르짖는 광야에서 만나시고 호위하시며 보호하시며 자기 눈동자 같이 지키셨도다 _신명기 32:10

나를 눈동자 같이 지키시고 주의 날개 그늘 아래 감추사 _시편 17:8

내 명령을 지켜서 살며 내 법을 네 눈동자처럼 지키라 _잠언 7:2

《킹 제임스 성경The King James Version》에 나오는 'apple of the eye'라는 표현을 우리나라 성경에서는 '눈동자'로 번역하였다. 여기에서 말하는 apple라는 단어는, 우리가 알고 있는 사과와는 전혀 다른 명사를 나타낸다. 이것은 히브리어 이숀ison, 영어 퓨플pupil, 라틴어 푸필라pupilla, 그리스어 코레kore를 의미하는 명사로 〈작은 사람〉이라는 뜻이다. 즉 다른 사람의 눈동자에 비친 작은 내 모습을 가리키는 말이다. 이런 문자적인 의미에서 발전하여, 비유적으로는 '애지중지하는 사람이나 물건'을 가리키는 말로 확대되어 사용되고 있다. 우리말로 '눈에 넣어도 아프지 않다.'라는 말과 유사한 의미로 해석할 수 있다.

그러나《킹 제임스 성경》의 'apple of the eye'라는 표현에서는 이와 같은 뉘앙스가 없어지고, 단순하게 형상에서 유추된 '사과 모양의 안구'라는 표현으로 사용됨으로써 히브리어의 자의字義가 반영되지 않았다.

〈사과나무 아래의 성모자〉 루카스 크라나흐

사과는 인간을 파멸로 내몬 인간타락의 상징이기도 하지만, 한편으로는 인간속죄의 상징이기도 하다. 이 그림에서 어린 예수가 오른 손에 빵조각을 왼손에 사과를 들고 있는데, 빵은 예수님이 최후의 만찬에서 자신의 몸(성체)을, 사과는 그리스도에 의해 인간의 죄가 속죄되는 그리스도의 사명을 상징한다.

## 트로이 전쟁의 발단이 된 황금사과

그리스 신화에서 전쟁과 지혜의 여신 아테나Athena는 바다의 여신 테티스Thetis와 함께 펠레우스Peleus의 결혼식에 초대받지만, 불화의 여신 에리스Eris는 초대받지 못한다. 에리스는 자신이 초대받지 못한 것에 화가 나서, 잔치 자리에 '황금사과'를 던진다. 그 사과에는 "가장 아름다운 여신에게"라고 쓰여 있었다. 그것을 본 아테나 · 헤라Hera · 아프로디테Aphrodite는 서로 그것이 자신의 것이라고 다투었다.

제우스도 이것이 너무 미묘한 문제여서 직접 끼어들기가 부담스러웠던지, 세 명의 여신을 이데Ide 산으로 보낸다. 그 곳에는 양떼를 돌보는 잘생긴 청년 파리스Paris가 있는데, 그의 판단에 맡기기로 한 것이다. 여신들은 저마다 파리스의 환심을 사려고 했다. 헤라는 그에게 부와 권력을 주겠다, 아테나는 전쟁영웅이 되게 해주겠다, 아프로디테는 이 세상에서 가장 아름다운 여자를 아내로 삼게 해주겠다고 약속했다. 결국 파리스가 아프로디테에게 황금사과를 주자, 그날부터 파리스는 헤라와 아테나의 증오의 표적이 되었다.

파리스는 아프로디테가 보호해 준 덕분에 무사히 그리스로 돌아가 그곳에서 스파르타의 왕 메넬라오스Menelaus의 융숭한 대접을 받는다. 그러나 파리스는 거기서 만난 메넬라오스의 아내인 헬레네Helen의 아름다움에 반하게 된다. 그녀가 바로 아프로디테가 말한 이 세상에서 가장 아름다운 여자이기 때문이었다. 예전에도 헬레네에게는 구혼자가 끊이지 않았으며, 서로 그녀를 차지하려고 난리법석이었다. 이때 올림푸스의 신 오디세우스Odysseus가 나타나 이런 제안을 한다.

"지금 우리는 헬레네에게 구혼하는 처지이지만, 헬레네가 한번 마음을 정한 이후에는 우리 모두가 합심하여 헬레네를 지킵시다. 그리고 헬레네를 위해서라면 전쟁의 불길 속이라도 뛰어듭시다."

모두 이 제안에 따르기로 했다. 그리고 헬레네는 메넬라오스와 결혼하고 행복하게 살고 있었다. 그러던 차에 파리스가 나타나 아프로디테의 도움을 받아가며, 헬레네를 유혹하기 시작했다. 결국 파리스는 헬레네를 꼬드겨, 그의 고향인 트로이로 데려갔다.

아프로디테는 수많은 여성 중에서 헬레네가 가장 아름답다는 것을 알고 있었다. 그래서 자신을 세 명의 여신 중에서 가장 아름답다고 인정해준 파리스와 헬레네를 만나게 해준 것이다. 결국 남의 아내를 뺏은 것이 되어버렸지만, 그녀는 파리스에게 한 약속을 지키게 된 셈이다. 그러나 이 사건으로 인해, 십 년 동안이나 계속된 트로이군과 그리스군 간의 트로이 전쟁이 시작된다.

▲ 〈**파리스의 심판**〉 페테르 파울 루벤스

▲ 뱀이 유혹했다. 하느님이 너희더러 이 동산에 있는 모든 나무의 열매를 따먹지 말라고 하였다는데, 그것이 정말이냐?
**〈신성자연학(神聖自然學)〉** 요한 야코프 슈이처(1728)

# 아몬드나무(살구나무)

《개역한글 성경》에 나오는 살구나무는 우리가 흔히 알고 있는 살구나무가 아니라, 같은 과 소속의 아몬드나무(almond)를 가리킨다. 이 나무가 《공동번역 성서》에는 감복숭아라는 이름으로 나오는데, 감복숭아는 다른 말로 편도(扁桃)라고도 한다.

기원전 1707년경 야곱이 옥수수를 구하러, 이집트로 사람을 파견할 당시에 팔레스타인에는 흔한 식물이었던 것으로 보인다. 그가 아몬드 열매를 선물한 것은 당시에 이집트에는 아몬드가 없었다는 것을 뜻하며, 이스라엘 민족이 이집트에서 체류한 200년 동안에 이집트에 전파된 것으로 보인다.

아몬드나무의 학명은 프루누스 아미그달루스(*Prunus amygdalus*)이며, 장미과 소속의 낙엽활엽과수이다. 원산지는 서남아시아(지중해 연안) · 인도 · 북아프리카이며, 이스라엘 민족이 성스럽게 여기는 식물 중 하나이다.

이 나무는 키가 3~8m 정도 자라며, 여름에 강우량이 적고 따뜻한 지역에 자생한다. 꽃은 이른 봄에 잎보다 먼저 피며, 꽃잎은 5장이고 분홍색을 띤 흰색으로 복숭아꽃과 비슷하다. 잎도 복숭아 잎과 비슷하며, 표면에 광택이 있다.

열매는 납작한 타원형의 핵과(核果)이며, 살이 얇기 때문에 익으면 말라서 갈라진다. 갈라지면 그 속에 들어 있는 단단한 껍질의 핵(씨)이 나오는데, 핵 속에는 갈색의 엷은 껍질에 싸인 황백색의 인(仁)이 들어 있다. 이것이 아몬드다. 핵은 부서지기 쉬운 정도에 따라 연핵종(soft shell)과 경핵종(hard shell)으로 나뉜다. 경핵종은 씨가 딱딱하고 두껍기 때문에 가공하기에 적합하지 않으므로 꽃을 감상하는 용도로 활용되며, 연핵종은 여러 가지 형태로 가공되어 제과나 요리 목적으로 사용된다.

또, 맛에 따라서 감인종(sweet almond)과 고인종(bitter almond)으로 나뉘며, 감인종은 우리가 식용하는 종류로 감편도(甘扁桃)라고도 한다. 맛이 쓴 고인종은 아미구다린(amygdalin)을 함유하고 있으며, 식용하지 않고 기름을 짜거나 기침약으로 이용한다. 《동의보감》에는 "행인(杏仁)은 성질이 따뜻하고 맛이 달고 쓰며 독이 있다. 딸꾹질과 상기(上氣)에 주로 쓴다."라고 하였다.

▲ 아몬드나무 (*Prunus amygdalus*)

## 아론의 지팡이에 핀 꽃

이튿날 모세가 증거의 장막에 들어가 본즉 레위 집을 위하여 낸 아론의 지팡이에 움이 돋고 순이 나고 꽃이 피어서 살구 열매가 열렸더라

_민수기 17:8

모세의 형, 아론은 모세와 함께 이스라엘 백성을 이집트에서 이끌어낸 사람이다. 그는 항상 지팡이를 가지고 다녔는데, 그의 지팡이는 두 가지 의미가 있다. 첫째는 이집트의 바로 왕 앞에서 행한 이적들이며, 둘째는 대제사장으로서 직무를 수행하는 아론의 합법성을 입증하는 것이었다. 그리고 이 지팡이는 하느님으로부터 부여받은 절대적인 권력을 의미하는 것이기도 했다.

하느님은 모세에게 일러 12지파마다 족장에게 지팡이를 내어 이름을 쓰게 하였다. 레위 지파의 지팡이에는 아론의 이름을 쓰게 한 후, 그것을 지성소의 언약궤 앞에 두게 하였다. 그리고 하느님이 제사장으로 택한 자의 지팡이에서 싹이 날 것이라고 하였는데, 이튿날 아론의 지팡이에서 움이 돋고 순이 나오고 아몬드꽃이 피어 열매가 열렸다. 이로써 하느님은 대제사장으로서의 아론의 권위를 다시 한번 세워준 것이다.

▲ 〈싹이 튼 아론의 지팡이〉 제라드 호에

## 가장 먼저 봄을 알리는 희망의 꽃

> 여호와의 말씀이 또 내게 임하니라 이르시되 예레미야야 네가 무엇을 보느냐
> 대답하되 내가 살구나무 가지를 보나이다 _예레미야서 1:11

눈물의 선지자 예레미야는 요시아왕 시절에 활동하면서, 요시아의 죽음과 예루살렘이 함락되어 불타는 장면을 바라보아야 하는 자신의 처지를 너무나 안타까워하며 많은 눈물을 흘렸다. 또, 그는 당시 패역한 이스라엘에게 회개치 아니하면 멸망당할 것이라고 예언했지만, 유다왕 여호야김은 예레미야의 글을 읽고 코웃음 치며 불쏘시개로 쓰라고 명하였다. 하느님은 남유다의 마지막 전성기를 이끌던 요시아왕 시대에 이미 예레미야에게 아몬드나무 가지를 보여주면서 앞으로 닥쳐올 환난에 대비하라고 하였다.

그러나 요시아왕이 죽은 이후, 이스라엘 백성들은 세 차례에 걸쳐 바빌론에 포로로 잡혀가서 깊은 절망 속에 살아간다. 이때에도 하느님은 이들에게 아몬드 가지를 통해서 옛 고향으로 돌아가는 희망을 보여주었다. 아몬드가 겨울동안 자지 않고 있다가 이른 봄에 희망의 꽃을 피우듯이, 하느님은 결국 이들의 포로생활을 끝내고 희망의 봄을 보여주실 것이라는 암시를 한 것이다.

> 제자들에게 오사 그 자는 것을 보시고 베드로에게 말씀하시되 너희가 나와
> 함께 한 시 동안도 이렇게 깨어 있을 수 없더냐
> 시험에 들지 않게 깨어 있어 기도하라 마음에는 원이로되 육신이 약하도다
> 하시고 _마태복음 26:40-41

아몬드꽃은 춥고도 긴 겨울이 다 가기도 전에, 선구자와 같이 갑자기 죽은 가지에서 활짝 꽃을 피운다. 아몬드는 히브리어로 샤케드shaqed라고 하는데, 이는 '잠에서 깨다.' 혹은 '지켜보다.'는 뜻이다. 죽은 것 같은 아몬드 가지에서 새로운 희망의 꽃을 피운다는 의미이다.

▲ 〈예루살렘의 파괴를 한탄하는 예언자 예레미야〉 렘브란트

## 메노라와 살구나무 가지

이편 가지에 살구꽃 형상의 잔 셋과 꽃받침과 꽃이 있게 하고 저편 가지에도 살구꽃 형상의 잔 셋과 꽃받침과 꽃이 있게 하여 등대에서 나온 여섯 가지를 같게 할찌며

등대 줄기에는 살구꽃 형상의 잔 넷과 꽃받침과 꽃이 있게 하고

_출애굽기 25:33-34

이스라엘 백성이 이집트를 탈출하여 시나이 사막에 있을 때, 모세가 40일 동안 시나이 산에 올라가 머물다 내려왔다. 그리고 하느님의 명령대로 성막과 지성소를 세우고 그 기물 중 하나인 황금촛대를 만들었다. 이것이 메노라Menorah인데, 양쪽으로 세 개의 가지가 뻗어 있으며, 가운데 촛대와 함께 모두 7개의 촛대가 솟아있다. 메노라의 장식용 디자인에 사용된 모델이 아몬드 꽃과 꽃받침 그리고 가지마디이다. 지금도 이 촛대 도안이 전승되어 이스라엘의 국장 등 이스라엘 민족의 심볼로 사용되고 있다.

**토막상식**

**메노라와 이스라엘 국장**

메노라는 히브리어로 촛대를 의미하며, 아몬드 꽃과 가지를 모티브로 디자인하였다. 유대교에서 중요한 상징적 의미를 가지며, 이스라엘 국장에도 들어 있다.

## 데모폰과 필리스

그리스 신화에 의하면, 아테네의 왕자 데모폰Demophoon은 트로이 전쟁이 끝난 뒤 아테네로 돌아가던 중에 갑자기 몰아친 폭풍우로 인해 트라키아Thracia의 스트리몬 강 근처에서 표류하게 되었다. 이때 트라키아의 왕은 그를 반갑게 맞아 안정을 취하게 한 후, 아테네로 돌아갈 수 있도록 도와주었다. 이 과정에서 트라키아의 공주 필리스Phyllis는 데모폰과 사랑에 빠지게 된다. 왕은 둘을 기꺼이 결혼시키고, 자신의 왕국을 딸의 지참금으로 주었다.

그러나 데모폰은 왕에게, 고국이 너무 그리워서 아테네에 잠시 다녀오겠다고 간청해서 허락을 받아내어 아테네로 떠난다. 이때 필리스는 항구까지 따라 나가서 남편을 배웅한다. 그리고 작은 상자 하나를 그에게 선물로 주며, 자신에게 돌아올 가망이 전혀 없어지면 열어보라고 했다.

▲ 〈**필리스와 데모폰**〉 에드워드 콜리 번 존스

아테네로 돌아온 데모폰은 필리스를 버리고 크레타 섬의 공주와 결혼한다. 필리스는 데모폰을 애타게 기다리며, 그를 배웅했던 항구까지 아홉 번이나 나가 배를 기다렸다. 그러나 아무리 기다려도 데모폰이 돌아오지 않자, 상심한 필리스는 그를 저주하며 스스로 목숨을 끊는다.

이를 가엽게 생각한 아테나 여신이 그녀를 아몬드나무로 변신시켜주었다. 그러자 잎도 나오지 않은 나무에서 차례차례로 꽃이 피기 시작했다. 그때부터 아몬드나무는 잎이 나오기 전에 꽃이 먼저 피게 되었다고 한다.

그 후 데모폰은 필리스가 한 말이 생각나서 선물상자를 열어보았다가, 갑작스런 불안감에 휩싸였다. 그리고 타고 가던 말에서 떨어져서 자신의 칼에 찔려 그 자리에서 죽고 만다.

04

성경 속 나무 스토리텔링

# 석류나무

석류나무(*Punica granatum*)의 속명 푸니카(*Punica*)는 고대 라틴어로 북아프리카의 고대 도시 카르타고(현재의 튀니지 동부)를 가리키는 푸니쿰(Punicum)에서 유래된 것이다. 종소명 그라나툼(*granatum*)은 알갱이 또는 장과(漿果)를 의미하는 그라눔(granum)에서 파생된 말로 석류를 가리킨다. 옛날에는 석류를 malum punicum(apple of Carthago)이라고 불렀는데, 이는 '카르타고의 사과'라는 뜻이다. 이는 석류가 잘 자라는 것으로 알려진 북아프리카의 고대 도시 카르타고를 원산지라고 생각한데서 비롯된 것이다. 또 석류를 사과라고 표현한 것은, 석류의 시고 단 맛이 사과와 비슷한 것에서 기인한 것으로 여겨진다. 영어 이름 파마그라닛(pomegranate)은 '종자가 많은 사과'라는 의미로, 라틴어에서 유래한 것이다. 프랑스어 이름 그라나디에르(grenadier)나 독일어 이름 그라나타펠(granatapfel)은, 종소명(*granatum*)이 그 나라 언어권에 들어가서 그 나라 언어에 맞게 변한 것이다. 한자로는 석류(石榴)로 표기한다. 이것은 기원전 3세기에서 3세기 중반에 걸쳐, 카스피해 연안에서 강력한 세력을 가지고 있던 안석국(安石國, 고대 이란 왕국)에서 유래한 것이다. 이 나라에서 가져온 류(榴, 혹이 있는 열매가 열리는 나무)라는 의미의 안석류(安石榴)가 생략되어 석류(石榴)가 된 것이다. 혹은, 안석국 서쪽에 있는 석류의 생산지인 자그로스(Zagrous) 산지(山地)의 음역이라고도 한다.

석류나무는 이란 고원을 중심으로 소아시아 지방에서 서인도 일대가 원산지이며, 지금도 이탈리아, 프랑스 등 지중해 연안 여러 나라를 비롯하여, 아메리카 · 러시아 · 인도 · 중국 등에서 널리 재배되고 있다.

부처꽃과 석류나무속 소속이며 보통은 키가 작은 관목이지만, 때에 따라서는 7~10m까지 자라는 소교목이다. 잎은 마주나고 작고 좁은 장타원형이며, 앞면에는 광택이 있고 가장자리는 밋밋하다. 꽃은 꽃잎이 포개져 귀여운 종 모양을 이루며, 적색 · 황색 · 백색이 있지만 보통 심홍색이다. 그리고 꽃잎과 꽃받침잎은 6개씩이고, 수술은 많고 씨방은 2층으로 되어 있다. 구형의 열매는 오렌지 혹은 사과 정도의 크기이고, 익으면 선홍색 또는 황색을 띤다. 딱딱한 열매껍질(果皮)에 싸여 있으며, 꽃받침 열편은 꽃이 진 후에도 떨어지지 않고 남아 있어서 왕관처럼 보인다. 과피의 안쪽에는 심홍색의 적당히 신맛이 나는 과즙이 많은 과육이 있고, 그 속에 여러 개의 붉은 종자가 들어있다. 식용하는 부분은 내부의 종자를 싸고 있는 가종피이며, 투명한 느낌이 나고 과즙을 많이 함유하고 있다.

▲ 석류나무 (*Punica granatum*)

## 축복받은 7가지 식물 중 하나

또 에스골 골짜기에 이르러 거기서 포도 한 송이 달린 가지를 베어 둘이 막대기에 꿰어 메고 또 석류와 무화과를 취하니라 _민수기 13;23

하느님이 모세에게 각 지파에서 족장 되는 사람을 한 명씩 뽑아 가나안 땅을 탐지하라고 하였다. 이들은 에스골 골짜기에서 포도 한 송이가 달린 가지를 둘이서 막대기에 꿰어 메고, 또 석류와 무화과를 취하여 가지고 돌아왔다.

석류는 하느님이 약속한 젖과 꿀이 흐르는 풍요로운 가나안 땅에 내려준 선물로 밀과 보리, 무화과와 포도, 올리브와 대추야자와 함께 축복받은 7가지 식물 가운데 하나이다.

너희가 어찌하여 우리를 애굽에서 나오게 하여 이 악한 곳으로 인도하였느냐 이곳에는 파종할 곳이 없고 무화과도 없고 포도도 없고 석류도 없고 마실 물도 없도다 _민수기 20;5

이스라엘 백성들은 이집트에서 나온 지 40년째 되는 해, 첫째 달에 가데스에 자리를 잡았다. 이곳은 예전에 가나안 땅을 정탐하도록 열두 명의 정탐꾼을 보낼 때, 그들이 머물렀던 곳이었다. 백성들은 이곳에서 마실 물을 찾지 못하자 모세에게 불평하는 대목이 나온다. 그들은 자신들을 이집트에서 끌어내어 곡식도, 무화과도, 포도도, 석류도 자랄 수 없을 뿐 아니라 마실 물조차 없는 이곳에 자신들을 죽이려고 인도했느냐라고 하며 원망한다.

이 내용에서 석류가 무화과, 포도와 함께 포함된 것으로 보아, 당시 이집트뿐 아니라 성서의 땅에 흔하게 자라던 과일이었던 것을 알 수 있다. 이집트에서는 기원전 2,000년경에 이미 석류를 재배하고 있었다. 이 사실은 발굴된 장식 조각으로 입증되었으며, 당시 이집트인들은 석류를 신성한 식물로 여겼다.

실힘과 아인과 림몬이니 모두 이십 구 성읍이요 또 그 촌락이었으며

_여호수아기 15;32

사울이 기브아 변경 미그론에 있는 석류나무 아래 머물렀고 함께한 백성은 육백명 가량이며 _사무엘상 14;2

그들이 몸을 돌이켜 광야로 도망하여 림몬 바위에 이르는 큰길에서 이스라엘이 또 오천명을 이삭 줍듯 하고 또 급히 따라 기돔에 이르러 또 이천명을 죽였으니 _사사기 20;45

성경 속에 나오는 석류나무는 히브리어로 림몬rimmon이라 한다. 《구약성경》 〈민수기〉, 〈여호수아기〉, 〈느헤미야기〉에 나오는 렘몬Remmon이나 림몬Rimmon 등의 마을 이름은 이 지방에 석류가 많이 자라고 있었다는 것을 나타낸다.

내란 때, 베냐민 사람들이 도망쳤다는 림몬 바위와 사울이 600명의 군사를 거느리고 쉬었다고 하는 미그론Migron에도 석류나무가 있었다. 이로 미루어 볼 때, 석류는 지금보다 그 당시에 더 많이 생산되었던 것으로 짐작할 수 있다.

## 솔로몬 성전과 왕궁의 석류 장식

기둥을 이렇게 만들었고 또 두 줄 석류를 한 그물 위에 둘러 만들어서 기둥 꼭대기에 있는 머리에 두르게 하였고 다른 기둥 머리에도 그렇게 하였으며

_열왕기상 7;18

성소 같이 사슬을 만들어 그 기둥 머리에 두르고 석류 일백 개를 만들어 사슬에 달았으며 _역대기하 3;16

석류는 성서시대의 유다인들에게 영화와 영광의 상징이었다. 꽃이 진 후에도 꽃받침 조각이 떨어지지 않고 열매에 남아 있어서, 왕관처럼 보이기 때문이다.

석류 문양이 가장 많이 사용된 곳은 성전 건축과 왕궁의 장식이었다. 솔로몬 성전은 현관 · 성소 · 지성소의 세 구획으로 구분되어있다. 그 중에서 지성소는 가장 깊숙한 곳에 있으며 가장 거룩한 장소인데, 이곳의 기둥을 비롯하여 성전 곳곳이 석류와 아몬드 문양으로 장식되어 있었다.

이 두 기둥 머리에 있는 그물 곁 곧 그 머리의 공 같이 둥근 곳으로 돌아가며 각기 석류 이백이 줄을 지었더라 _열왕기상 7:20
또 그 그물들을 위하여 만든 바 매 그물에 두 줄씩으로 기둥 위의 공 같은 두 머리를 가리우게 한 사백 석류와 _열왕기상 7:42

솔로몬은 성전을 완공한 다음 비로소 자신의 왕궁을 건축하기 시작하여, 13년 만에 완공하였다. 석류 문양은 솔로몬 왕궁의 벽기둥 머리와 내부의 세부 조각에 많이 장식되었다.

## 석류의 상징성

그 옷 가장자리로 돌아가며 청색 자색 홍색실로 석류를 수 놓고 금방울을 간격하여 달되
그 옷 가장자리로 돌아가며 한 금방울, 한 석류, 한 금방울, 한 석류가 있게 하라
아론이 입고 여호와를 섬기러 성소에 들어갈 때와 성소에서 나갈 때에 그 소리가 들릴 것이라 그리하면 그가 죽지 아니하리라 _출애굽기 28:33-35

석류는 아주 오래 전부터 신성한 식물로 여겨져 왔다. 고대 이집트의 비석에 새겨진 조각에서도 흔하게 볼 수 있으며, 페르시아에서는 왕홀王笏의 머리 부분에 장식되기도 했다. 에게 해의 로도스 섬에서는 왕실 문장의 일부로 석류꽃이 사용되었으며, 신관神官의 의장과 유다법률을 기록한 두루

마리에도 석류가 그려져 있었다.

〈출애굽기〉에서는 제사장 아론이 성소에 들어갈 때 입는 에봇에 딸린 겉옷의 자락 둘레에 자주와 자홍과 다홍 실로 석류를 수놓고, 사이사이에 돌아가며 금방울을 달았다는 기록이 있다. 그래서 아론이 그 옷을 입고 성소를 출입할 때, 방울소리가 나면 그가 죽지 아니하리라고 한 것으로 미루어 볼 때, 유다인들은 석류나무를 신목神木으로 여기고 있었음을 알 수 있다.

**토막상식**

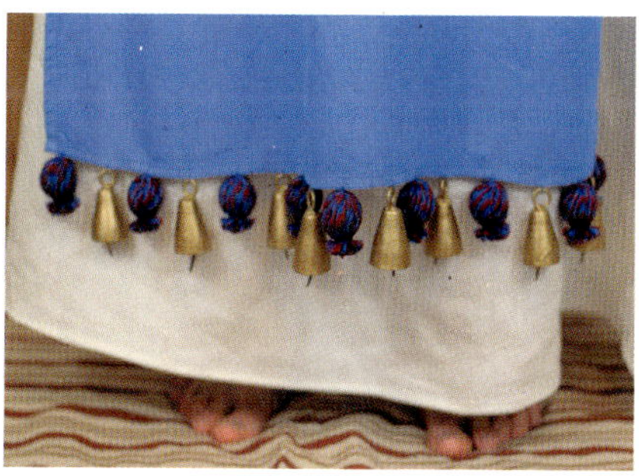

**석류 장식** ⓒ redeemerofisrael
대제사장의 옷 아래 가장자리에 금방울과 실로 만든 석류 장식이 달려 있다.

네 입술은 홍색 실 같고 네 입은 어여쁘고 너울 속의 네 뺨은 석류 한 쪽 같구나 _아가 4;3

내가 너를 이끌어 내 어미 집에 들이고 네게서 교훈을 받았으리라 나는 향기로운 술 곧 석류즙으로 네게 마시웠겠고 _아가 8;2

석류는 여인의 아름다움에 비유되었으며, 석류의 많은 씨는 풍요의 상징으로, 새콤달콤한 즙은 사랑의 꿀로 표현되기도 했다. 또, 석류 열매 속에 새빨간 씨가 투명한 껍질에 쌓여 빽빽하게 박혀 있어서, 여성이 아이를 많이 낳는 것과 연결되어 다산의 상징으로 여겨졌다.

이스라엘 자손에게 고하여 이르라 칠월 곧 그 달 일일로 안식일을 삼을찌

니 이는 나팔을 불어 기념할 날이요 성회라
아무 노동도 하지 말고 여호와께 화제를 드릴찌니라 _레위기 23;24-25

유다인들은 7대 절기 중 하나인 나팔절에, 어떤 노동도 하지 않고 쉬면서 나팔을 불며 이 날을 기념한다. 이때 사과를 꿀에 찍어 먹는 풍습이 있는데, 이는 사과처럼 향기롭게 그리고 꿀처럼 달콤하게 새해를 보내라는 의미라고 한다. 또, 석류를 먹기도 하는데, 이는 한해를 새콤달콤하게 살면서 촘촘하게 박힌 석류알처럼 수많은 좋은 일들이 일어나기를 기원하는 의미이다. 그리고 빼곡이 박힌 알맹이를 보면서 613개의 율법을 잘 지키겠다는 신앙을 다지기도 한다.

## 다윗의 별과 석류

두 개의 삼각형을 서로 뒤집어서 만든 다윗의 별Star of David은 유다인을 상징하며, 이스라엘 국기에도 등장한다. 다윗의 별은 로마식 모자이크 포장도로 위의 장식으로 가장 먼저 사용되었다. 이후 1,800년 전에 처음 가버나움 회당 안에 이 문장이 사용됨으로써, 유다인들과 관계를 맺게 되었다.

다윗의 별이 어디서 유래되었는지는 정확히 알 수 없으며, 다윗 왕과도 전혀 관계가 없는 것으로 알려져 있다. 다만, 중세 유대교의 신비주의카발라 학자들은 이 6각의 별 모양을 '다윗의 방패' 또는 '솔로몬의 방패'로 불렀으며, 주로 마법과 관련된 이야기를 할 때 사용하였다.

이들은 다윗의 별이 석류 문양에서 나왔다고 하였으며, 석류의 왕관 문양에 있는 꼭지점 6개를, 다윗의 별에 있는 두 개의 삼각형에 해당하는 6개의 꼭지점으로 해석하였다. 또, 다윗의 별에 나오는 하나의 삼각형은 예루살렘에서 절기를 보내야 하는 유월절과 칠칠절과 초막절을, 다른 삼각형은 예루살렘을 방문하지 않아도 되는 나팔절과 대속죄일과 안식일을 뜻한다고 한다.

**토막상식**

**이스라엘 국기와 석류 꽃받침**

이스라엘 국기 속에 들어있는 다윗의 별은 석류의 꽃받침 문양에서 유래된 것이라고 한다.

## 지하세계의 열매

대지의 여신 데메테르Demeter의 딸, 코레Kore는 꽃과 지하세계와 관련이 깊은 여신이다. 어느 날, 코레가 코로노스 섬의 초원에서 요정들과 꽃을 따며 놀고 있었다. 그녀는 눈앞에 널려있는 아름다운 꽃을 따는데 열중하느라, 다른 요정들과 멀리 떨어져 있는 것도 알지 못했다. 흐드러지게 핀 꽃들 사이에서 수선화를 발견하고, 따려고 가까이 가자 갑자기 큰 굉음이 들리면서 땅이 갈라졌다. 그리고 그 속에서 암청색의 마차를 탄 지하세계의 신 하데스Hades가 나타나더니, 겁에 질린 코레를 지하세계로 데리고 가버렸다.

하데스는 코레가 어릴 때에, 코레의 아버지인 제우스에게 "데메테르의 딸을 아내로 맞이하고 싶다."라고 말한 적이 있었으나, 제우스는 데메테르에게 물어본다는 것을 깜박 잊고 있었다. 하데스가 그때까지 코레를 사랑하고 있다는 것을 알고, 제우스가 수선화를 피워서 하데스에게 코레가 있는 곳을 알려준 것이다.

한편, 요정들에게 딸이 납치당했다는 소식을 들은 데메테르는, 미친 듯이 딸을 찾아 지상세계를 헤매고 다녔다. 그러던 중에 태양의 신 헤리오스 Helios에게 코레가 지하세계에 있다는 말을 듣고, 하데스를 찾아가 딸을 내놓으라고 했지만 거절당한다. 이렇게 되자, 제우스는 "코레가 지하세계에서 아무 것도 먹지 않으면 지상세계로 데려와도 좋다."라고 말했다. 어머니에게 돌아간다는 기쁨에 들떠있는 코레에게, 하데스가 석류를 슬쩍 내밀었다. 코레는 그 사실을 깜박 잊고, 그만 석류를 먹고 말았다.

올림푸스에는 지하세계의 음식을 먹으면 지상으로 돌아올 수 없다는 규칙이 있었다. 물론 신들 조차도 이 규칙을 깨뜨리는 것은 허락되지 않았다. 결국 신들의 합의 끝에, 일 년 중에 코레가 먹은 석류의 수와 같은 네

▲ 〈**페르세포네**〉 단테 가브리엘 로세티

달은 지하세계에서, 나머지 여덟 달은 지상세계에서 어머니 데메테르와 함께 지내는 것으로 결정이 났다. 이 때문에 페르세포네코레가 없는 일 년 중 넉 달 동안은 데메테르가 슬픔에 잠겨 있어서, 지상세계는 차가운 바람이 부는 겨울이 지속된다.

그리고 하데스의 아내가 된 코레는 페르세포네Persephone라 불리며, 남편과 함께 지하세계를 지배하는 여왕이 되었다. 이 이야기는 석류가 곡물과 같이 풍요를 의미하는 중요한 식물이라는 것을 나타내고 있다.

그리스도교에서는 이 신화에 근거하여, 석류를 자기 자신은 죽지만 새싹이 돋아나므로 죽음과 부활을 연결시켜 설명하며, 재생과 불사에 대한 희망의 상징으로 여긴다.

### 토막상식

**석류 문양을 새긴 동전**

솔로몬 이후에 분열되어 있던 남유다와 북이스라엘이 멸망한지 400여 년 만에 탄생한 유다인 왕조가 마카비 왕조다. 마카비 왕조는 이스라엘 역사에서 가장 찬란했던 다윗과 솔로몬 시대가 자신들의 왕조에서 재현되기를 기대하는 의미로 석류 문양이 들어간 동전을 주조하였다.

# 올리브나무(감람나무)

초기의 《개역한글 성경》에 나오는 식물 중에 잘못 번역한 것으로, 돌무화과나무를 뽕나무라 하거나 올리브나무를 감람나무라 한 것이 대표적인 예이다. 그러나 《공동번역 성서》에는 이들이 모두 돌무화과나무와 올리브나무로 바르게 고쳐져 있다.

올리브나무를 감람나무로 잘못 번역한 것은 중국어 성경에서 올리브를 감람(橄欖)이라 한 것에서 비롯된 것이다. 감람의 어원은 베트남어 ca-na에서 유래한 것으로, 중국어 성경이 우리나라에 전해질 때, 이것을 그대로 받아들인 것이다.

그러나 실제로 감람나무는 감람나무과의 상록교목으로, 학명은 카나리움 알붐(*Canarium album*)이고, 영어 이름은 차이니스 올리브(Chinese olive)이다. 중국 남부와 베트남이 원산지이며, 높이가 5~20m 정도이고 큰 것은 30m까지도 자란다.

올리브나무는 물푸레나무과 올리브나무속 소속으로 높이 7m 정도 자라지만, 8~15m까지 자라는 것도 있다. 지중해 연안, 아프리카 일부 지역, 인도, 중국 등이 원산지이다. 성지에서는 갈릴래아 · 사마리아 · 유다 지방의 암석지대나 숲속에 자라며, 예루살렘의 올리브산에도 많이 분포한다.

학명은 올레아 오이로페아(*Olea europaea*)인데, 속명(*Olea*)은 올리브(olive)의 옛 라틴어 이름으로 그리스어 elaion(oil), 즉 '기름을 생산하는 식물'에서 온 말이다.

잎은 마주나고 좁은 긴타원형 또는 피침형이며, 앞면은 어두운 초록색이고 뒷면은 은백색이며 하얀 솜털로 덮여 있다. 꽃은 작고 흰색 또는 연노란색이며, 잎겨드랑이에 총상화서로 핀다. 열매는 타원형의 흑색 혹은 청자색 핵과이며, 핵 주위의 과육 부분에서 올리브유를 얻는다. 익은 열매와 녹색의 미성숙 열매는 모두 식용이 가능하지만, 후자는 보통 피클이나 양념으로 이용된다.

줄기나 굵은 가지의 재목은 깊이 있는 호박색을 띠며, 나뭇결이 가늘고 아름다운 얼룩무늬가 들어간 것이 많아서, 오늘날에도 고급 장식장이나 녹로세공의 소재로 이용되고 있다. 나무는 생장이 완만하지만 수명은 길다. 올리브 산과 겟세마네 동산에 있는 올리브나무 중에는 그리스도 시대부터 쭉 그곳에 자라던 것도 있다고 한다.

▲ 올리브나무(*Olea europaea*)

## 올리브나무 잎은 평화의 상징

저녁때에 비둘기가 그에게로 돌아왔는데 그 입에 감람 새 잎사귀가 있는지라 이에 노아가 땅에 물이 감한 줄 알았으며 _창세기 8;11

아담과 하와가 에덴동산에서 쫓겨나서 살던 세상은, 오늘날 우리가 살고 있는 세상과 비교하면 낙원이나 다름없는 곳이었다. 그러나 사람들은 살기 편했기 때문에, 죄에 물들어 심하게 타락해갔다. 하느님은 타락한 인간세상을 보고 사람은 물론 짐승과 공중을 나는 새까지 모조리 쓸어버리고, 의인 노아로 하여금 새롭게 출발하도록 하기 위해 큰 홍수를 내리기로 하였다.

노아에게는 그의 아내와 아들들과 며느리들을 데리고 준비한 방주로 들어가게 하였다. 이때 모든 생물을 각기 암수 한 쌍씩 방주로 들여서 생명을 보존하게 하였다. 그리고 노아가 육백 살 되는 때에 큰 비가 내리기 시작하여, 사십 일 동안 밤낮으로 계속되었다. 내리던 비가 멎고도 백오십 일 동안 땅에 물이 넘쳤다.

노아는 비둘기를 날려 보내 지면에서 물이 줄어들었는지를 알고자 했으나, 비둘기는 발 붙일 곳을 찾지 못하고 다시 방주로 돌아왔다. 또 칠 일을 기다려 다시 비둘기를 날려 보냈는데, 저녁 때가 되어서 비둘기가 돌아왔다. 비둘기가 올리브나무 새 잎사귀를 물고 있는 것을 보고 노아는 땅에 물이 줄어든 줄을 알았다.

이로써 노아는 하느님의 진노가 풀리고 물이 줄어, 다시 사람이 살 수 있는 평화로운 땅이 되었다는 것을 알게 되었다. 이것은 대지가 다시 생명을 생산한다는 표시일 뿐 아니라, 하느님이 인간에게 평안과 축복을 주겠다는 약속이기도 했다. 이후 올리브 잎과 비둘기는 평화의 상징이 되었다. 세계 평화를 목적으로 창설된 유엔 깃발에도 올리브 잎이 그려져 있다. 올리브나무의 꽃말은 '평화'이다.

▲ 〈올리브 잎을 물고 돌아온 비둘기〉

**토막상식**

**국제연합기**

국제연합(United Nations)을 상징하는 기(旗)로 북극에서 본 세계 지도에, 올리브의 잎가지를 두른 디자인으로 되어 있다.

## 왕위 서열 첫 번째 나무

하루는 나무들이 나가서 기름을 부어 왕을 삼으려 하여 감람나무에게 이르되 너는 우리 왕이 되라 하매 감람나무가 그들에게 이르되 나의 기름은 하느님과 사람을 영화롭게 하나니 내가 어찌 그것을 버리고 가서 나무들 위에 요동하리요 한지라

_사사기 9;8-9

〈사사기〉에서 올리브 기름은 하느님과 사람을 영화롭게 한다고 하였으며, 그 영화는 왕의 그것을 훨씬 능가한다고 했다. 그리고 진정한 왕을 올리브나무에, 폭군을 가시나무에 비유하였다.

이스라엘은 요담의 아버지 기드온을 왕으로 세우려고 하였다. 하지만 기드온은 여호와 하느님만이 이스라엘의 왕이시라고 선포하며 이를 거절한다. 그러나 세겜 출신의 아비멜렉이 고향으로 가서 그곳 사람들을 부추겨 스스로 왕의 자리에 오른다. 그 후 그는 기드온의 자식들을 모두 죽였지만, 막내 요담은 천신만고 끝에 살아남을 수 있었다. 요담이 세겜 남쪽에 있는 그리심 산 꼭대기에 올라가서 아비멜렉을 왕으로 삼은 세겜 사람들을 조롱하며, 나무의 왕에 대한 비유를 들었다.

나무들이 자신들의 왕으로 삼고자 하여, 가장 먼저 찾아간 나무는 올리브나무였다. 올리브나무는 “나의 기름은 하느님과 사람을 영화롭게 하는 것인데, 내가 어찌 기름을 내지 않고 자리를 떠나 다른 나무들을 내려다 보며 으스대겠는가?”라고 거절한다. 그러자 나무들은 무화과나무와 포도나무를 찾아가 부탁했으나 마찬가지로 거절당한다. 마지막으로 찾아간 가시나무는 나무들의 부탁에 응하여 왕의 자리에 오른다.

가시나무가 나무들에게 이르되 너희가 참으로 내게 기름을 부어 너희 왕을 삼겠거든 와서 내 그늘에 피하라 그리하지 아니하면 불이 가시나무에서 나와서 레바논의 백향목을 사를 것이니라 하였느니라 _사사기 9;15

가시나무는 왕의 자리에 오르면서 자신에게서 나온 불로 인해 레바논의 백향목이 송두리째 불타버릴 것이라고 하였다. 이는 왕을 잘못 세운 세겜 사람들이 겪게 될 재앙을 예언한 것이다.

## 참감람나무와 돌감람나무

과수재배에서는 자신이 원하는 품종을 얻기 위해 접목번식을 한다. 종자를 파종하여 생산한 묘목은 부모 대와는 다른 품종이 나올 수 있기 때문이다. 그런데 접목을 하면 어미나무臺木의 유전형질이 접을 붙인 접수椄穗에 나타나는 경우는 없다. 예를 들어 고욤나무 대목에 대봉감을 접붙이면, 그 가지에는 대봉감이 열린다.

> 네가 원 돌감람나무에서 찍힘을 받고 본성을 거스려 좋은 감람나무에 접붙임을 얻었은즉 원 가지인 이 사람들이야 얼마나 더 자기 감람나무에 접붙이심을 얻으랴
> _로마서 11;24

이 구절에서 바울은 유다인과 이방인의 관계를 참감람나무참올리브나무와 돌감람나무돌올리브나무에 비유하였다. 이것은 이방인접수인 돌감람나무가, 선택을 받아 성지에서 자라는 유다인대목인 참감람나무에 접목됨으로써, 대목의 좋은 성질이 접수의 성질을 바꾸듯이 이방인들도 구원을 받게 된다는 뜻이다. 이것을 확대해서 해석하면, 돌감람나무인 인간이 하느님의 대목에 접목될 때 비로소 구원을 얻게 된다는 의미로도 해석할 수 있다. 그런데 이 비유는 접목의 원리를 반대로 설명하고 있다. 즉, 참감람나무 대목에 돌감람나무 접수가 접붙여져 돌감람나무가 참감람나무로 변해간다고 설명하고 있다. 이 말은 원예학적으로 틀린 말이다. 하지만 바울은 접목을 통해서 나쁜 형질이 좋은 형질로 변해간다는 것을 말하려고 했을 것이다.

## 주의 막대기와 지팡이

> 내가 사망의 음침한 골짜기로 다닐찌라도 해를 두려워하지 않을 것은 주께서 나와 함께 하심이라 주의 지팡이와 막대기가 나를 안위하시나이다
> _시편 23;4

〈시편〉의 이 구절은 우리가 가장 많이 암송하는 성경 구절 중 하나이며, 찬양 작곡자들에 의해 수백 개의 노래로도 만들어졌다. 다윗은 자신이 누리고 있는 복이 하느님에게서 온 것이며, 항상 하느님께 감사하고 찬양하며 영광을 돌리면서, 평생 주의 집에 머물 것을 다짐하고 있다.

그런데 어떤 이는 여기에 나오는 '주의 지팡이와 막대기'에서 지팡이와 막대기는 어떻게 다른가 하고 의문을 품는다. 이 둘은 올리브나무의 줄기에서 나온 가지와 뿌리에서 나온 가지로 각각의 용도와 이름이 다르다.

> 손에 막대기를 가지고 시내에서 매끄러운 돌 다섯을 골라서 자기 목자의 제구 곧 주머니에 넣고 손에 물매를 가지고 블레셋 사람에게로 나아가니라
>
> _사무엘상 17:40

먼저 올리브나무 줄기에서 나온 가지는 히브리어로 호테르hoter라고 하며, 목자들은 이것을 막대기로 사용하였다. 이 막대기는 허리에 차고 다녔는데, 굵직하고 2m 정도로 길다. 또, 줄기에 붙어있던 부분이 뭉툭하기 때문에 맹수들이 공격해오면, 이 부분으로 맹수의 머리를 가격하여 퇴치하였다. 다윗이 골리앗과 싸우러 나갈 때, 사울이 준 군복 · 놋투구 · 칼은 모두 버리고, 개울가에서 고른 자갈 다섯 개와 자기가 가지고 온 막대기를 들고 나갔다.

> 모세가 그 아내와 아들들을 나귀에 태우고 애굽으로 돌아가는데 하느님의 지팡이를 손에 잡았더라
>
> _출애굽기 4:20

올리브나무 뿌리에서 나온 긴 가지는 히브리어로 맛텟matteh라 하며, 지팡이로 쓰였다. 목자들은 이 지팡이로 양들을 인도하였으며, 때로는 지팡이 끝에 못과 같은 날카로운 것을 박아서 맹수들을 물리치기도 했다. 또, 길이가 길기 때문에 진흙이나 물의 깊이를 가늠하는데도 사용하였다.

## 올리브 기름

성지의 올리브나무는 4~5월에 꽃이 피어 9~10월에 열매를 수확하면, 피클을 만들어 저장한다. 그리고 11월 초에 검은색으로 익은 열매를 따서 기름을 짠다. 열매를 식용하는 것보다 기름을 짜는 것이 훨씬 부가가치가 높기 때문이다. 통에 가득 찬 기름은 하느님의 축복과 기쁨의 상징이었다.

> 이에 사무엘이 기름병을 취하여 사울의 머리에 붓고 입맞추어 가로되 여호와께서 네게 기름을 부으사 그 기업의 지도자를 삼지 아니하셨느냐
>
> _사무엘상 10;1

올리브 기름은 짜는 과정에서 나오는 순서에 따라 이용방법이 다르다. 제일 먼저 나오는 기름은 최상품의 기름virgin oil으로 성전에 바치는 가장 거룩한 기름이나 성전의 촛대메노라를 밝히는 기름으로 사용되었다. 왕과 대제사장에게 기름 부을 때도 이 기름을 사용하였다.

> 너는 금식할 때에 머리에 기름을 바르고 얼굴을 씻으라 _마태복음 6;17
>
> 미련한 자들이 슬기 있는 자들에게 이르되 우리 등불이 꺼져가니 너희 기름을 좀 나눠 달라 하거늘 _마태복음 25;8
>
> 많은 귀신을 쫓아내며 많은 병인에게 기름을 발라 고치더라
>
> _마가복음 6;13

**토막상식**

**올리브 기름을 짜는 연자맷돌**

올리브 기름은 연자맷돌이나 압착틀, 무게추 등을 이용하여 짠다. 연자맷돌 위에 올리브 열매를 넣고 사람이나 말, 나귀 등이 지렛대를 돌려서 열매를 부스러뜨리면 기름이 나온다.

다음 단계에서 나오는 기름은 식용하였다. 그리고 그 다음 단계에서 얻은 기름은 올리브 등잔을 밝히거나, 화장품이나 의약품으로 쓰였다. 마지막으로 짠 기름은 잿물을 부어 비누로 만들었으며, 남은 찌꺼기는 땔감으로 사용하여 그야말로 버리는 것이 하나도 없었다.

▲ 〈겟세마네 동산에서의 고뇌〉 안드레아 만테냐

## 겟세마네 동산의 올리브나무

성서시대의 '정원'은 오늘날 우리가 생각하는 아름다운 나무와 꽃이 있는 그런 정원이 아니고, 가시나무 생울타리나 돌울타리로 둘러싸인 과수원이었다. 이 과수원의 과수는 보통 올리브나무이고, 네 귀퉁이에는 무화과나무가 심어져 있었다. 왕이나 부자도 자신의 정원에 아몬드 · 호두 · 피스타치오 등의 식용식물 또는 약용식물을 심었다.

예루살렘에서 여리고로 가는 도로 위쪽인 감람산 서편 기슭에 있는 겟세마네Gethsemane 동산도 이러한 올리브나무의 정원이다. 겟세마네라는 이름은 히브리어로 '틀'을 의미하는 '가트gad'와 올리브 기름을 의미하는 '슈마님smane'의 합성어로 '올리브기름을 짜는 틀gatshmanim'이라는 뜻이다. 그 곳에는 올리브나무가 많았으며, 올리브 기름을 짜는 틀이 있었기 때문에 붙여진 이름이다.

예수님은 체포되던 날 밤에, 제자들은 함께 그곳에 있었다. 체포되기 직전, 앞날을 미리 알고 있던 예수님은 올리브 기름을 짜는 것처럼 심령을 쥐어짜는 기도를 올렸다.

## 아테나와 포세이돈의 경쟁

전쟁의 여신 아테나Athena와 바다의 신 포세이돈Poseidon이 그리스 남부 아티카Attica의 수호신 자리를 놓고 경쟁을 벌였다. 먼저 포세이돈이 삼지창을 던져 아크로폴리스 언덕에 바닷물 샘이 솟아오르게 하였다. 그러자 아테나는 그 샘 옆에 올리브 나무가 자라게 하였다. 올림푸스의 신들 중에서 남신들은 포세이돈을 지지하였고, 여신들은 평화적인 방법을 사용한 아테나를 지지하였다. 그 결과 한 표 차이로 아테나가 이기게 되었다. 그러자 포세이돈이 화가 나서 아티카에 대홍수를 내렸다. 그곳 사람들은 살던 곳을 버리고 아테나의 인도로 새로운 도시를 건설했는데, 이곳이 현재의 아테네이다.

이 신화는 이렇게 전해지기도 한다.

아테나와 포세이돈이 아티카의 한 도시를 두고 서로 이 도시의 이름을 붙여주겠다고 경쟁을 벌였다. 신들은 이 둘 가운데 사람들에게 가장 이로운 선물을 선사하는 신에게 그 기회를 주기로 했다. 그러자 포세이돈은 눈이 부시게 번쩍이는 훌륭한 말을 가지고 와서 "이 말은 빠르고 전차를 끌 수 있어서, 전쟁을 승리로 이끌 수 있다."라고 자랑했다. 이에 대해 아테나는 한 그루의 올리브나무를 가져와 땅에 심으며, "이 올리브나무는 밤에 등을 켜는 기름을 주고, 병을 낫게 해주며, 귀중한 먹을거리가 된다."고 했다.

사람들은 올리브나무가 말보다 이로운 것으로 판단하여, 아테나의 손을 들어주고 도시 이름에 그녀의 이름을 붙여주었다. 이 신화에서 말은 전쟁을 상징하고, 올리브는 평화를 상징하므로, 아테네 사람들은 전쟁보다 평화를 갈망한다는 뜻을 담고 있다.

아테네 사람들은 올리브나무를 좋아했으며, 마을 주위와 집과 대지의 경계선에 올리브나무를 많이 심었다. 이후로도 아테네 사람들의 올리브나무에 대한 사랑은 줄어들지 않았으며, 기원전 6세기경에는 자비 · 자유 · 순결 · 질서 등의 상징으로, 올리브나무의 식목에 관한 법률이 공포되기도 했다. 또, 아테네에서 행해진 모든 경기의 승자에게는 올리브나무 가지로 만든 관을 수여하였다.

▲ 〈논쟁을 벌이는 아테나와 포세이돈〉 노엘 알

▲ 저녁 때, 비둘기가 올리브 잎사귀를 물고 노아에게로 돌아왔다.
〈**신성자연학(神聖自然學)**〉 요한 야코프 슈이처(1728)

# 포도나무

포도나무는 성지에서 중요한 과일나무 가운데 하나이며, 성경에 무려 155회나 등장하는 기독교와 아주 밀접한 관련이 있는 식물이다. 또, 북부 그리스에서 기원전 4,500년경의 것으로 추정되는 포도씨가 발견되었으며, 기원전 2,500년경 고대 이집트 왕조의 벽화에 포도주를 제조했다는 기록이 있는 것으로 보아, 인류가 포도를 재배하고 이용한 역사는 꽤 오래된 것을 알 수 있다. 포도나무는 유럽이 주산지이지만, 원산지는 아시아 서부(이란), 카스피해 지역, 코카서스 등지로 알려져 있다. 로마인에 의해 기원전 540년에 프랑스에 전해졌으며, 이후 곧바로 남부 유럽으로 널리 전파되었다.

포도나무는 지구 남북반구의 위도 36~48도 사이가 재배적지이며, 이 사이를 벗어난 곳에서는 추위와 더위로 인해 열매가 잘 성숙하지 않는다. 또 성숙기에 비가 많은 곳에서는 당도가 낮은 포도가 생산된다. 흔히 볼 수 있는 열매 표면의 흰 가루는 일종의 곰팡이로, 포도주를 만들 때 효모가 된다. 팔레스타인에서는 7~9월 건조기가 포도 수확기여서, 포도즙이 높은 당도를 나타내므로 발효가 잘 되는 좋은 품질의 포도주를 얻을 수 있다.

현재 포도는 세계에서 가장 생산량이 많은 과일로 전세계 모든 과일 생산량의 20%를 차지하고 있으며, 품종도 일만 종 이상이나 된다.

포도나무는 포도과 포도속 소속의 낙엽활엽 덩굴식물이다. 학명은 비티스 비니페라(*Vitis vinifera*)이며, 속명(*Vitis*)은 포도(for grapevines)에 대한 로마어 이름이고, 종소명(*vinifera*)은 '술을 만드는(bearing wine)'을 뜻한다. 또 히브리어어 이름은 게펜(gephen)이고, 영어 이름은 그레이프바인(grapevine)이다. 중국어 이름은 고대 페르시아(이란)어 budow를 음역하여 포도(葡萄)라 하며, 우리도 이것을 그대로 가져와 포도라고 부른다.

잎은 어긋나며, 둥근형의 하트 모양이고 3~5갈래로 얕게 갈라진다. 황록색의 꽃은 원추꽃차례로 피며, 야생종은 암수딴그루이지만 재배종은 양성화이므로 자가수분이 가능하다. 열매는 구형의 장과(漿果)이고 흑자색으로 익으며, 그 안에 2~4개의 씨가 들어 있다.

▲ 포도나무 (*Vitis vinifera*)

## 포도주에 취한 노아

노아가 농업을 시작하여 포도나무를 심었더니 _창세기 9:20

대홍수가 끝난 후 세상은 다시 평화로워지고, 인간세상은 노아의 가족들로 인해 점점 번성해갔다. 노아와 그 가족들은 여러 가지 작물을 재배하기 시작하였으며, 그 중에는 포도나무도 포함되어 있었다. 포도나무를 키우면서 다양한 포도 재배법에 대해 연구하고, 수확한 포도를 이용하여 여러 가지 포도 요리법도 개발하였다. 물론 포도로 술을 빚는 법도 익혔다.

포도주를 마시고 취하여 그 장막 안에서 벌거벗은지라
가나안의 아비 함이 그 아비의 하체를 보고 밖으로 나가서 두 형제에게 고하매
셈과 야벳이 옷을 취하여 자기들의 어깨에 메고 뒷걸음쳐 들어가서 아비의 하체에 덮었으며 그들이 얼굴을 돌이키고 그 아비의 하체를 보지 아니하였더라 _창세기 9;21-23

노아는 당대의 의인이라고 불릴 정도로 훌륭한 인격과 영성의 소유자였지만, 술의 마력을 피해갈 수는 없었던 것으로 보인다. 그는 한번 술을 마시면 만취할 정도로 마셨으며, 만취한 후에는 옷을 다 벗어버린 채 침상에 누워 잠들기가 일쑤였다. 둘째 아들 함이 장막 안에서 벌거벗은 채로 술에 취해 잠든 노아를 보고 형들에게 알렸다. 형들은 옷을 메고 뒷걸음질로 들어가서 아비의 하체를 가려주었다.

노아가 술이 깨어 그 작은 아들이 자기에게 행한 일을 알고
이에 가로되 가나안은 저주를 받아 그 형제의 종들의 종이 되기를 원하노라
_창세기 9;24-25

노아는 술이 깬 후, 작은 아들의 말을 듣고 자신이 술에 취해 추태를 부렸

다는 사실을 알게 되었다. 보통 아버지라면 자신의 행동을 부끄러워하면서 아이들에게 미안하고 할 터인데, 노아는 자신을 공경한 두 아들은 축복하고, 자신의 부끄러움을 까발린 둘째 아들 함에게는 저주를 내렸다.

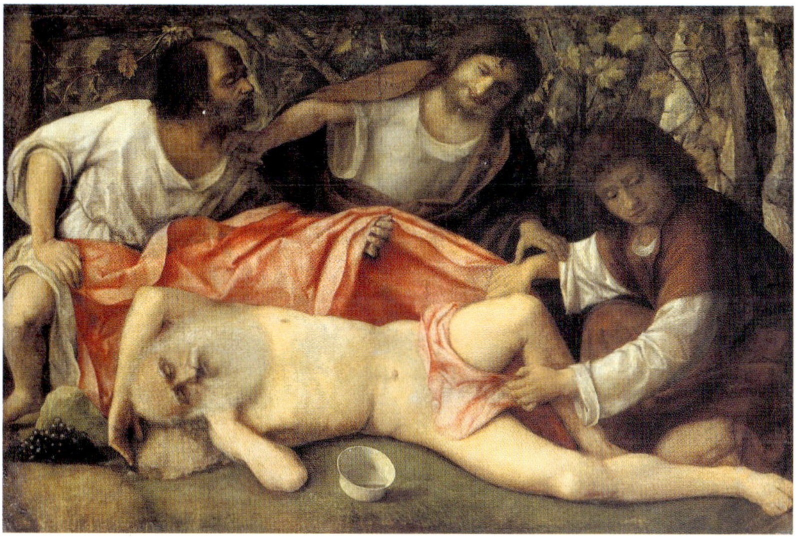

▲ 〈술 취한 노아〉 조반니 벨리니

## 포도나무 그늘은 가정의 행복과 안녕의 상징

> 솔로몬의 사는 동안에 유다와 이스라엘이 단에서부터 브엘세바에 이르기까지 각기 포도나무 아래와 무화과나무 아래서 안연히 살았더라
>
> _열왕기상 4:25

> 각 사람이 자기 포도나무 아래와 자기 무화과나무 아래 앉을 것이라 그들을 두렵게 할 자가 없으리니 이는 만군의 여호와의 입이 이같이 말씀하셨음이니라
>
> _미가서 4:4

성경 속에서 '포도나무를 재배하고 수확한다.'는 말은 전쟁이 없는 평화로운 세상을 의미한다. 또, '자신이 심은 포도나무와 무화과나무 아래에 산다.'는 말은 가정의 행복, 평화, 풍요를 의미한다. 아버지 다윗이 주변을 다

정리한 덕분에 아들 솔로몬의 시대에는 큰 전쟁은 치르지 않았다. 그래서 솔로몬의 시대를 태평성대라 하였다.

그러면 왜 포도나무가 평화로운 세상의 상징이 되었을까? 포도나무는 낙엽성 덩굴식물로 무더위에도 잘 견디며, 땅속 깊숙이 뿌리를 내리는 습성을 가지고 있다. 또, 어지간한 광야 지역이나 경사진 산지에서도 좋은 열매를 맺는다. 따라서 팔레스타인과 같이 무덥고 건조한 기후의 산악 지역에서도 시원한 그늘을 만들어, 사람들을 편안하게 쉴 수 있게 해준다.

이스라엘은 열매 맺는 무성한 포도나무라 그 열매가 많을수록 제단을 많게 하며 그 땅이 아름다울수록 주상을 아름답게 하도다 _호세아서 10:1

이스라엘을 지키시는 자는 졸지도 아니하고 주무시지도 아니하시리로다 _시편 121:4

나 여호와는 포도원지기가 됨이여 때때로 물을 주며 밤낮으로 간수하여 아무든지 상해하지 못하게 하리로다 _이사야서 27:3

성경에서 포도나무는 이스라엘을 상징하는 나무로 표현되었다. 그리고 하느님은 도둑과 맹수로부터 자지도 않고 졸지도 않고, 파수꾼처럼 포도원이스라엘을 지키는 포도원지기다. 따라서 하느님이 지키는 포도밭이 평화롭다는 말은 세상이 평화롭다는 의미이기도 하다. 그리고 반항하는 이스라엘 사람은 들포도야생포도, 쓸모없는 포도나무, 타락한 포도나무 등으로 표현하였다.

## 포도나무의 비유

주께서 한 포도나무를 애굽에서 가져다가 열방을 쫓아내시고 이를 심으셨나이다 _시편 80:8

내가 참 포도나무요 내 아버지는 그 농부라 _요한복음 15:1

나는 포도나무요 너희는 가지니 저가 내 안에, 내가 저 안에 있으면 이 사람은 과실을 많이 맺나니 나를 떠나서는 너희가 아무 것도 할 수 없음이라

_요한복음 15:5

성서시대부터 지금까지 이스라엘에는 많은 과일이 생산되고 있다. 그 중에서 가나안 지역에서 술을 담가 먹을만한 과일이 포도였기 때문에 포도농사를 많이 지었다. 따라서 성경 속에는 포도나무에 관한 비유가 많이 나온다. 《구약성경》에서 이스라엘 백성은 하나님이 이집트에서 가나안으로 옮겨 심은 포도나무에 비유되었다. 또, 《신약성경》에서 예수님은 자신을 일컬어 '참 포도나무', 하느님 아버지를 가리켜 '농부'에 비유하였다.

그러므로 주 여호와 내가 말하노라 내가 수풀 가운데 포도나무를 불에 던질 화목이 되게 한 것 같이 내가 예루살렘 거민도 그같이 할찌라

_에스겔서 15;6

선지자들은 하느님께 배역하고 열매 맺지 못하는 이스라엘 백성을 들야생 포도나무에 비유하였다. 이런 백성들은 농부에게 버림받고 베어져 불 태워지는 비참한 포도나무와 같다고 하였다. 또, 성경에서 포도나무는 신실하고 경건한 믿음을 가진 아내, 타락한 인간, 그릇된 선민 등 여러 가지 상징으로 나타난다.

## 포도주의 기적

예수님 당시에 남녀가 만나 혼인예식을 통해 가정을 이루는 과정은, 오늘날의 혼인 풍습과는 많은 차이가 있다. 그리고 포도주는 당시의 혼인예식에서 중요한 역할을 담당한다.

먼저 신랑이 마음에 드는 아가씨를 신부로 선택하면, 지참금을 가지고 신부 집에 가서 잔치를 벌인다. 일주일 동안 열리는 잔치에서 신부는 신랑을 유심히 살펴보고 자신의 마음을 결정한다. 그리고 마지막 날 총각은 처녀 앞에 포도주를 놓는데, 신부가 이 포도주를 마시면 총각을 신랑으로 맞이하겠다는 뜻이다. 신부가 결혼할 의사를 나타내면 신랑은 신부에게 선물을 주고 서로 포도주를 나누어 마신다. 이 언약의 잔은 예수님이 십자가를 지기 전날 밤에 제자들과 포도주를 나누어 마시는 장면과 일치한다.

> 또 잔을 가지사 사례하시고 저희에게 주시며 가라사대 너희가 다 이것을 마시라
> 이것은 죄 사함을 얻게 하려고 많은 사람을 위하여 흘리는바 나의 피 곧 언약의 피니라 _마태복음 26;27-28

언약식을 마친 신부는 물에 몸을 담그는 정결예식을 치른다. 이는 구속받은 성도들이 세례를 통해 교회의 한 사람이 되는 초대 교회의 전통과 일치한다. 그리고 신랑은 신부의 곁을 떠나 아버지의 집으로 가서 장차 신부와 함께 머물 처소를 예비한다. 처소를 마련한 신랑은 한밤중에 나팔소리와 함께 찾아와 신부를 데려간다. 신랑과 함께 신랑의 아버지 집으로 간 신부는 그곳에서 본격적으로 결혼예식을 치른다. 이 예식은 7일 동안 이어지는데, 이때 신부는 신랑과 함께 7일간의 달콤한 허니문 시간을 가진다. 7일간의 밀월기간이 끝난 마지막 날 신랑은 신부와 함께 초대받은 사람들과 공식적인 만찬을 연다. 그리고 이후 신랑과 신부는 약 1년간의 정혼 기간을 가지게 된다. 이 기간 동안 두 사람은 법적으로는 부부 사이이지만, 육체적으로는 아직 처녀와 총각이다.

> 예수 그리스도의 나심은 이러하니라 그 모친 마리아가 요셉과 정혼하고 동거하기 전에 성령으로 잉태된 것이 나타났더니 _마태복음 1;18

동정녀 마리아가 예수님을 잉태한 것도 이 정혼기간의 일이었다. 그래서 마리아는 법적으로는 요셉의 아내였지만, 육체적으로는 남자를 알지 못하는 처녀였다.

> 예수께서 저희에게 이르시되 항아리에 물을 채우라 하신즉 아구까지 채우니
> 이제는 떠서 연회장에게 갖다 주라 하시매 갖다 주었더니
> 연회장은 물로 된 포도주를 맛보고 어디서 났는지 알지 못하되 물 떠온 하인들은 알더라 연회장이 신랑을 불러 _요한복음 2:7-9

갈릴래아 가나의 혼인 잔치집에서 행한 예수님의 기적은 예수님 공생애 사역 중에서 첫 번째 기적이었다. 이 사건은 예수님이 하느님의 아들 되신 권능을 가지신 분이라는 것을 증명하는 첫 번째 사건이기도 하다.

혼인 잔치집에서 음식을 담당하던 예수님의 어머니 마리아는 포도주가 동이 난 것을 알고, 그 문제를 해결하기 위해 가장 먼저 예수님을 찾아가 부탁

▲ 〈가나의 결혼식〉 두초 디 부오닌세냐

**토막상식**

**바이런**

영국의 유명한 시인 조지 고든 바이런(George Gordon Byron)의 케임브리지 대학 3학년 학기말 고사에 '포도주의 기적' 사건이 문제로 출제되었다. "예수께서 물로 포도주를 만드신 기적이 상징하는 종교적, 영적 의미를 서술하라."라는 문제에, 그는 단 한 문장만을 적어서 최고점을 받았다는 일화가 있다.

Water saw its Creator and blushed.

물이 창조주를 보고 얼굴을 붉혔도다.

한다. 하지만 예수님은 아직은 때가 이르지 아니했다고 하면서 정중히 사양한다. 이는 예수님이 피 흘려 죽을 날이 아직 많이 남아있음을 뜻하는 것이다. 하지만 마리아는 예수님으로부터 기적을 끌어낸다. 그것은 예수님을 감동시키는 절대적인 믿음의 말 한 마디 때문이었다. 마리아는 당시 시중드는 하인들을 불러, "예수께서 무슨 말을 하든지 그대로 하라."고 명령하였다. 그리고 맹물은 포도주로 변하였으며, 이후 제자들은 예수님을 믿게 되었다.

## 성경 속의 포도주

포도주가 기독교의 역사와 밀접한 관계가 있음을, 성경을 통해서도 알 수 있다. 앞에서 언급한 바와 같이, 포도주와 관련된 성경의 첫 번째 기록은 《구약성경》〈창세기〉에 나온다. 대홍수가 끝난 후에 인간의 제2대 시조라 할 수 있는 노아가 방주에서 나와서 포도나무를 재배하면서 포도주를 음용하였다는 기록이 있다〈창세기〉 9:18-21.

그 이후 이삭이 아들 야곱이 준 포도주를 마신 기록〈창세기〉 27:25, 요셉이 애굽 감옥에 있을 때 파라오의 술 담당 시종장의 포도나무에 관한 꿈 이야기〈창세기〉 40:9-11, 야곱이 임종 직전 열두 아들을 축복하는 유언 중에 유다에게는 포도나무의 풍성함을 축복한 내용〈창세기〉 49:11-12, 구약 시대에 행해진 제사 방법 중 하나인 전제drink offering에서 피를 상징하는 포도주를 붓는 의식〈출애굽기〉 29:40-41 등에 나타난다.

《신약성경》에서도 예수님이 공생애를 시작하면서, 물로 포도주를 만든 이적은 너무나 유명하다〈요한복음〉 2:1-11. 또, 포도나무와 포도주를 비유로 한 말씀들〈마태복음〉 20:1-16, 〈요한복음〉 15:1-11, 그리고 사도 바울이 건강에 이상이 있는 디모데에게 준 처방〈디모데전서〉 5:23 등의 기록에서도 볼 수 있다. 이처럼 포도주는 인간생활, 특히 그리스도인들의 삶 가운데 다양한 형태로 관련성을 가지고 있음을 알 수 있다.

> 엘리가 그에게 이르되 네가 언제까지 취하여 있겠느냐 포도주를 끊으라
>
> _사무엘상 1;14
>
> 술 취하지 말라 이는 방탕한 것이니 오직 성령의 충만을 받으라
>
> _에베소서 5;18

또, 성경에서는 술에 취하는 것을 경계하고 있다.

## 포도를 전파한 아버지와 딸

그리스 신화에 나오는 포도주에 관한 이야기이다. 포도주의 신 디오니소스Dionysus가 여행 도중 아테네에 들렀을 때, 그를 환대해준 아티카의 농부 이카리오스Icarios와 그의 딸 에리고네Erigone에게 답례의 뜻으로, 포도 재배법과 포도주 제조법을 가르쳐주었다. 포도주 만드는 법을 배운 이카리오스는 포도주를 빚어 이웃에게 나누어 주었다. 처음 술을 마신 마을사람들이 취해서 쓰러지자, 이카리오스가 이들을 독살하려 한 것으로 착각하여 그를 죽인 뒤 몰래 땅에 묻어버렸다.

이 사실을 모르는 에리고네는 아버지를 찾기 위해 온 아테네를 돌아다녔다. 마침내 충견 마이라Maera에 의해 아버지의 시신을 확인한 에리고네는 슬픔을 이기지 못하고 목을 매어 자살한다. 그리고 주인을 잃은 마이라도 절벽에서 뛰어내려 죽는다.

이 이야기를 전해들은 디오니소스는 이들 셋을 모두 하늘로 데려가 별자리로 만들어 주었다. 아버지 이카리오스는 목동자리Bootes가 되었고, 딸 에리고네는 처녀자리Virgo, 충견 마이라는 큰개자리Canis Major가 되었다.

그리고 크게 화가 난 디오니소스는 벌로 아테네 사람들을 발광시켜 서로 죽이도록 하였으며, 또 역병을 내려 아테네를 죽음의 도가니로 만들었다. 얼마가지 않아, 아테네 사람들은 이러한 일들이 디오니소스에 의해 일어난다는 것을 아폴론의 신탁에 의해 알게 되었다. 그리고 그때부터 그들은 디오니소스를 신앙하는 축제를 하기 시작하였다. 이 축제에서 이카리오스와 에리고네 모양의 인형을 나뭇가지에 매달아, 이들 부녀의 사후 명복을 빌어주었다.

▲ 〈에리고네〉 카를 반 루

▲ 약속의 땅, 가나안의 포도나무에는 어깨에 짊어지고 운반해야 할 정도로 큰 포도가 열린다.
〈**신성자연학(神聖自然學)**〉 요한 야코프 슈이처(1728)

07
나미 부부의 성경 속 나무 스토리텔링

# 피스타치오(비자나무)

피스타치오는 학명이 피스타치아 베라(*Pistacia vera*)이고, 히브리어는 보트님(botnim)이며, 그 열매는 보탐(batam)이라 한다. 라틴어 이름 피스타치움(pistacium)은 '피스타치오의 핵과(核果)'라는 데서 유래한 것이다. 영어 이름은 피스타치오(pistachio)인데, 그리스어로 '나무진'이라는 뜻의 pisa와 '치료하다'는 뜻의 aceomae의 합성어이다. 같은 옻나무과에 속하며, 유향을 채취하는 양유향(洋乳香, *Pistacia lentischi*)이라는 나무가 약용으로 쓰였기 때문에 붙여진 이름이다. 그러나 양유향은 상록교목이며, 열매는 먹지 못한다.

피스타치오는 높이 5~10m 정도 되는 낙엽관목으로, 나뭇가지가 많이 나와 수관이 넓게 퍼지는 나무다. 잎은 보통 2~3쌍의 달걀형 작은잎이 어긋나는 깃꼴겹잎(羽狀複葉)이지만, 때로는 한 장만 있는 것도 있다. 암꽃과 수꽃이 서로 다른 나무에 피는 암수딴그루(雌雄異株)이며, 꽃은 풍매화이고 5개의 갈색 꽃받침조각이 있다.

열매는 아몬드와 비슷한 타원형의 핵과이고, 익으며 겉껍질이 옆줄을 따라 갈라진다. 과육을 제거한 핵을 피스타치오 너트(pistachio nut)라 하며, 오리엔트나 유럽 사람들의 중요 식품이었다. 그 안에 황록색의 인(仁)이 들어있는데, 피스타치오 그린(pistachio green)이라는 색채명이 생길 정도로 그 빛깔이 매우 아름답다.

열매의 딱딱한 안쪽 껍질을 벗기고 날것으로 먹거나, 볶아서 후추나 소금을 넣어 조리하여 먹는다. 또, 요리를 하거나 과자를 만들 때, 향을 더하는 재료로도 이용되며, 특히 알레포(Aleppo)산 피스타치오 너트가 우수한 품질로 이름이 나있다.

피스타치오는 서아시아와 소아시아가 원산지이고, 레바논이나 팔레스타인의 바위 산지에서 야생하는 것도 있다. 그리스도교 초기에 지중해 연안에 도입되었으며, 남유럽과 시리아, 특히 다마스코스 주변에서 식용 피스타치오 너트를 수확하기 위해 널리 재배되고 있다.

▲ 피스타치오(*Pistacia vera*)

## 피스타치오의 오역

피스타치오는 우리나라에서는 재배조건이 맞지 않아 생산되지 않는 생소한 과일이다 보니, 나무이름이 잘못 번역된 경우가 많다.

《개역한글 성경》에서는 비자榧子나무로 번역되어 있다. 비자나무는 우리나라, 중국, 일본 등에서 나는 식물로, 성서의 땅에는 없는 나무이므로 잘못된 번역이다. 이것은 피스타치오 열매가 비자나무 열매와 비슷하여, 중국어 성경의 비자를 국역할 때, 그대로 옮긴 것에서 비롯된 것으로 보인다.

또, 《개역개정 성경》, 《표준새번역 성경》, 《공동번역 성서》에서는 유향나무로 번역되어 있다. 이처럼 비자나무를 유향나무로 고쳐 쓴 것은 옻나무과 피스타치오속屬 소속의 양유향나무 *Pistacia lentischi*를 피스타치오와 혼동한 것에서 비롯된 것으로 여겨진다.

유향나무 *Boswellia carteii*는 감람나무과 소속의 상록소교목으로 나무줄기에 상처를 내면 즙이 흘러나오는데, 이것을 채취하여 응고시키면 훈향제인 유향을 얻을 수 있다. 유향은 동방박사 세 사람이 귀한 예물을 가지고 별을 따라서 아기 예수님이 계신 곳에 이르러 경배하고 드렸던 예물에 포함된 귀한 향료이기도 하다.

우리 성경에서는 비자나무 또는 유향나무로 오역하였지만, 영어 성경에서는 피스타치오pistachio, 일본어 성경에서도 피스타치오ピスタチオ로 바르게 번역하였다.

## 야곱이 아들 요셉에게 바친 선물

그들의 아비 이스라엘이 그들에게 이르되 그러할찐대 이렇게 하라 너희는 이 땅의 아름다운 소산을 그릇에 담아가지고 내려가서 그 사람에게 예물을

삼을찌니 곧 유향 조금과 꿀 조금과 향품과 몰약과 비자와 파단행이니라
_창세기 43;11

가나안 땅에 흉년이 들어, 이스라엘야곱이 바꾼 이름의 아들들이 양식을 구하기 위해 애굽 땅으로 갔다. 그런데 애굽으로 팔려간 요셉이 총리가 되어, 양식을 구하러 온 형들을 보고는 막내 동생 베냐민을 만나보고자 했다. 그래서 그들을 시험하면서 첩자로 몰아서 한 사람을 인질로 하고, 베냐민을 데려와서 결백을 증명하여 누명을 벗으라고 하였다.

그때에 몰래 곡식자루에 돈 뭉치를 넣게 했다. 그 돈을 발견한 그들은 도둑 누명까지 쓰게 될까봐, 아버지 이스라엘을 설득하여 베냐민을 데려가면서, 요셉에게 바치는 귀한 선물목록을 작성한다. 그 목록 속에 피스타치오비자와 아몬드파단행가 들어 있었다.

▲ 〈**팔려가는 요셉**〉 프리드리히 오베어베크

08

나미 부부의 성경 속 나무 스토리텔링

# 호두나무

호두나무는 히브리어 이름은 에고즈(egoz), 영어 이름은 페르시안 월넛(Persian walnut)이다. 우리나라에서는 오랑캐 나라에서 들여온 복숭아라는 뜻에서 호도(胡桃)라고도 부른다. 속명 주글란스(*Juglans*)는 쥬피터(제우스)를 뜻하는 조비스(Jovis)와 열매를 뜻하는 글란스(glans)의 합성어로, 호두가 최고의 신 쥬피터에게 바치는 열매라는 뜻이다. 고대 그리스나 로마에서는 견과가 열리는 나무를 신성시하여, 쥬피터(제우스) 신에게 받쳤기 때문이다. 종소명 레기아(*regia*)는 제왕(regius)이라는 뜻인데, 견과류 중에서 가장 좋은 열매라는 의미이다.

호두나무는 일반적으로 북부 페르시아가 원산지라고 생각하지만, 실제로는 북부 인도에서 동쪽으로는 히말라야에서 중국, 서쪽으로는 페르시아에 걸쳐 자생하는 것으로 알려져 있다. 또, 아주 오래 전에 레바논과 길레아드의 일부 지역에 도입되어 자생한 것으로 보고 있다.

호두나무는 높이 20~25m 정도의 낙엽교목이며, 반구형의 수관을 형성하여 풍부한 그늘을 만든다. 잎은 작은잎이 2~4쌍인 깃꼴겹잎(羽狀複葉)이며, 타원꼴 달걀형이고 가장자리에는 톱니가 없다. 수꽃은 녹색이고 길게 늘어지며, 암꽃은 가지 선단에 1~3개가 모여 핀다. 열매는 견과로 달걀형 혹은 구형이며, 4개의 방으로 나뉘어져 있다.

열매껍질은 호도청피(胡桃靑皮)라 하고, 수렴성이 있어 머리털을 나게 한다. 또, 껍질을 끓인 물로 머리를 감으면 검게 윤이 난다. 열매의 겉껍질을 깨면 핵과(核果) 호두가 나오는데, 이 핵과 속에 있는 것을 인(仁)이라 하며, 이 부분을 먹는다. 호두를 압착하여 얻은 기름은 올리브유보다는 조금 못하지만, 유럽에서는 비누 제조에 널리 이용되고 있다.

호두나무는 지금도 중부 및 남부 유럽을 비롯하여 캘리포니아와 미국 남부에서 널리 재배되고 있으며, 호두는 오늘날 상용되는 나무 열매 중에서 가장 중요한 것 가운데 하나이다.

▲ 호두나무 (*Juglans regia*)

## 솔로몬의 호두나무 정원

골짜기의 푸른 초목을 보려고 포도나무가 순이 났는가 석류나무가 꽃이 피었는가 알려고 내가 호도 동산으로 내려갔을 때에 _아가 6:11

성경 속에는 호두나무가 단 한번 등장한다. 여기서 인용한 '호도 동산'은 예루살렘에서 10km 정도 떨어진 에돔에 있는 광대한 솔로몬 정원의 일부로 여겨진다. 솔로몬 정원은 흔적도 없어졌지만, 지금도 그곳은 아름다운 명소라고 한다. 영국의 저술가 보나Bonar 박사는 "이 계곡은 눈으로 볼 수 있는 가장 훌륭한 계곡 중 하나로, 시리아가 키우는 우수한 과수와 식물이 가득하고 관개시설이 잘 되어 있던 과수원이었을 것이다."라고 기술하였다.

솔로몬 시대에도, 동양에서는 열매나 목재를 얻기 위한 목적으로 이 나무를 재배하였다. 유다의 역사가 요세푸스Josephus는 《유다 전쟁기》에서 그 당시 팔레스타인, 특히 게네사렛 호수 주위에 이 나무 노목이 지금보다 훨씬 많았다고 기술하였다. 지금도 이 지방의 고지 삼림 속 개울가나 마을의 샘 혹은 우물 가까이에서 열매와 목재를 얻기 위한 목적으로 호두나무가 재배되는 것을 흔하게 볼 수 있다.

독일의 신학자 데이빗 슐츠David Schulz도 이 지역에서 볼 수 있는 호두나

**토막상식**

**요세푸스(Josephus)**

유다의 역사가로 《유다 전쟁기》, 《유다 고사기》 등의 저서가 있다. 비그리스도교 작가로 예수에 관한 글을 많이 남겼다.

무 중에는 사람 42명이 들어가서 쉴 수 있을 정도로 큰 수관을 가진 것도 있다고 기술하였다.

## 호두나무의 전설

그리스인은 호두나무를 신성한 나무로 여겨, 여신 디아나Diana에게 봉헌하였다. 또, 그리스 로마인들은 호두를 다산의 상징으로 여겼으며, 혼례식 때에는 좌석 주위에 호두를 뿌렸다고 한다. 이것은 나중에 결혼식이나 크리스마스에서 풍요와 다산의 심벌로 선물하는 풍습으로 발전하였다. 호두나무 잎은 성체제聖體祭의 장식으로도 사용되었다. 이는 성모 마리아가 베들레헴으로 가는 도중에 호두나무가 비를 막아주었다는 전설에서 유래된 것이다.

중세 사람들은 악령이나 악마가 호두나무 가지에 깃들어 있다고 생각했다. 그래서 호두나무를 막대기로 두들기면 악마가 쫓겨나가서 호두의 수확량이 많아진다고 믿은 나라도 있었다. 그래서 러시아에는 "개와 마누라와 호두나무는 두들기면 두들길수록 잘 된다."라는 속담이 있다.

또, 호두나무는 녹음이 짙어서, 그 아래에서는 다른 식생이 모두 말라죽

**토막상식**

**호두 열매** © Bohringer Friedrich

호두 열매의 외과피는 육질로 녹색이며, 내과피(핵)는 4개의 방으로 나뉘어져 있고, 매우 단단해서 잘 깨지지 않는다.

는데, 그것을 과학적으로 증명할 수 없던 중세에는 호두나무가 유독한 물질을 분비하여 나무를 죽인다고 여겼다. 호두나무 열매는 번개를 피하거나 간질의 발작을 막는데 효과가 있다고도 생각하였다. 또, 마녀가 앉는 의자 밑에 호두를 하나 놓아두면, 마녀를 거기에서 움직이지 못하게 할 수 있다고 했다.

리투아니아의 전설에 의하면, 아주 오래 전에 홍수가 나서 물이 넘쳐 육지를 덮기 시작했다. 이때 신은 한 쌍의 남녀를 골라서 자신이 먹고 있던 호두껍질을 그들 앞에 던졌다. 그러자 호두껍질은 점점 커지더니 두 사람이 올라탈 정도의 크기가 되었다. 두 사람은 호두껍질에 올라타서 홍수가 끝날 때까지 살아남을 수 있었다.

이 이야기는 《구약성경》의 '노아의 방주'로 대표되는 홍수설화 중 하나이지만, 신이 먹고 있던 호두의 껍질로 인간을 구출했다는 것이 흥미롭다.

▲ 나는 골짜기의 푸른 초목을 보기 위해 호도나무 동산으로 내려갔다.
〈신성자연학(神聖自然學)〉 요한 야코프 슈이처(1728)

# PART 02:
# 실용수

# 계피나무

계피나무는 계피를 생산하는 나무로, 우리에게 무척 친숙한 나무다. 또 계피(桂皮)는 한약재나 향신료로 많이 사용되며 호초(胡椒), 정향(丁香)과 더불어 3대 향신료로 유명하다. 계피나무는 학명이 치나모뭄 카시아(*Cinnamomum cassia*)이고, 히브리어 이름은 키드다(qiddah)이며, 영어 이름은 카시아(cassia) 또는 차이니스 시나몸(Chinese cinnamom)이다.

계피나무는 중국 남부와 인도차이나 반도에 자생하는 상록교목으로 높이 10m 정도 자라며, 중국 동남부와 베트남 북부 등에서 많이 재배되고 있다. 식물 전체에 특유의 향이 있으며, 특히 나무껍질에 강한 방향이 있다. 수피는 회갈색이고, 어린 가지(지름 1cm)는 녹색을 띠며 네 개로 모서리 져있다. 잎은 어긋나고 길이가 12~15cm 정도이며, 광택이 있고 넓은 피침형이다. 특히 잎의 밑 부분에서 나온 3개의 두드러진 잎맥이 특징적이다. 꽃은 황록색이고 크기는 1cm 정도로 작으며, 5~7월에 가지끝 또는 잎겨드랑이에서 원추형 꽃차례로 핀다. 타원형의 열매는 살이 많으며, 다음해 2~3월에 흑자색으로 익는다.

줄기의 굵은 부분에서 채취한 수피를 약재로 이용한다. 생약명은 계피(桂皮)라 하며, 발한·해열·진정·진경(鎭痙) 등의 목적으로 갈근탕 등에 배합하여 섭취한다.

어리고 가는 가지는 계지(桂枝)라 하며, 계피보다 약효가 온화하다. 또 잎을 수증기로 증류한 정유는 카시아유(계지유)라 하며, 방향성 건위제나 과자 등의 향료로 이용된다. 우리 주위에서도 계피떡·계피사탕·수정과 등에 특수한 맛을 내는 향신료로 널리 사용되고 있다.

계피(카시아)는 매운 맛이 있는 대신 단맛이 적고, 향기가 육계(시나몬)보다 떨어진다. 현재 카시아는 시나몬 대용으로, 세계 시장에서 거래되고 있다.

▲ 계피나무 (*Cinnamomum cassia*)

## 거룩한 향유의 재료

몰약과 침향과 계피를 뿌렸노라 _잠언 7:17 《개역한글 성경》
자리엔 몰약에다 침향과 육계향을 뿌렸지요 _잠언 7:17 《공동번역 성서》

계피나무와 육계나무는 비슷하지만 엄연히 다른 식물이다. 흔히 계피라는 이름으로 통용되지만, 영어 성경에서는 계피를 카시아cassia, 육계를 시나몬cinnamon으로 표기하고 있다. 우리 성경에서는 육계와 계피를 구별하여 나타내고 있지만, 〈잠언〉 7장 17절에서는 《개역한글 성경》과 《공동번역 성서》이 서로 다르게 번역되어 있다.

여호와께서 모세에게 또 일러 가라사대
너는 상등 향품을 취하되 액체 몰약 오백 세겔과 그 반수의 향기로운 육계
이백 오십 세겔과 향기로운 창포 이백 오십 세겔과
계피 오백 세겔을 성소의 세겔대로 하고 감람 기름 한 힌을 취하여
_출애굽기 30:22-24

〈출애굽기〉 30장에는 육계와 계피가 함께 나오는데, 거룩한 향기름을 만들 때, 육계는 250세겔, 계피는 500세겔을 넣으라고 하였다. 이는 육계가

**토막상식**

**계피** © Wikimedia Commons
녹나무과에 속하는 상록교목인 계피나무의 껍질로 만든 약재. 약으로도 사용되지만, 식품으로도 널리 쓰인다.

계피에 비해 절반만 써도 될만큼 향기롭다는 것을 나타낸다.

하느님은 모세에게 몰약 · 육계향 · 향초 · 들계피 · 올리브 기름 등을 잘 섞어서 성별聖別하는 기름을 만들라고 하였다. 그리고 이 향유를 만남의 장막과 증거궤, 젯상과 그 모든 기구들, 등잔대와 그 모든 기구들, 분향단과 번제단과 그 모든 기구들, 물두멍과 그 밑받침에 바르라고 하였다. 그러면 이런 것들은 거룩하게 되고, 거기 닿는 모든 것 역시 거룩해진다고 하였다.

### 토막상식

**세겔**

세겔(shekel)은 히브리어로 '무게를 달다' 라는 뜻이다. 처음에는 중량의 단위로 사용되었으나, 후에는 화폐의 단위로 사용되었다. 당시 주조업자들은 동전의 앞뒷면에 헤라클레스의 초상과 독수리 문양을 새겨 넣었으며, 이스라엘 사람들은 성전에 들어갈 때, 성전세로 반 세겔을 바쳤다.

### 토막상식

**계피 오일**

탈취제 혹은 모기나 진드기 등의 해충기피제 용도로 사용된다.

# 육계나무

육계나무는 일반적으로 시나몬트리(cinnamon tree) 또는 실론 시나몬트리(Cylon cinnamon tree)라는 영어 이름으로 통용되며, 이것은 히브리어 키나몬(qinnamon)에서 유래된 것이다.

학명은 치나모뭄 베룸(*Cinnamomum verum*)인데, 종소명 베룸(*verum*)은 라틴어로 '진실의'라는 뜻이다. 고대 식물학에서의 이름은 치나모뭄 제이라니쿰(*Cinnamomum zeylanicum*)인데, 스리랑카의 옛 이름인 실론(Ceylon)에서 유래된 것이다. 실론은 네델란드어로 Zeylan이며, 제이라니쿰(*zeylanicum*)은 '실론의'라는 의미의 라틴어어형이다. 내수피를 향신료인 시나몬을 만드는데 이용하기 때문에, 이 나무도 시나몬이라 부르기도 한다.

육계나무는 스리랑카가 원산지인 열대성 상록수이며, 높이 6~7m 정도 자란다. 잎은 좁은 달걀형으로 길이 15~20cm이며, 세 줄의 굵은 잎맥이 있는 것이 특징이다. 잎면에 광택이 있고 아름다워서, 관엽식물로 이용되기도 한다. 꽃은 가지끝의 잎겨드랑이에서 원추화서로 피며, 황록색의 작은 꽃이고 독특한 방향을 가지고 있다. 열매는 1cm 정도의 핵과로, 보라색을 띠며 하나의 종자를 품고 있다.

이 나무 가지의 바깥쪽 거칠거칠한 외피를 제거한 후에 건조시킨 것이 시나몬(cinnamon), 즉 육계(cinnamon bark)인데, 마르면 껍질이 말려서 황갈색의 관상(管狀)이 된다. 이 육계는 씹으면 상쾌한 맛과 단맛이 있으며, 산지에 따라 맛에 조금씩 차이가 있다. 우리가 흔히 먹는 계피에서 나는 매운맛은 없다.

육계는 인도 · 실론 · 말레이시아 · 중국 · 동인도 제도 등에서 생산되지만, 실론 서남부의 것이 최고급품이다. 특히 스리랑카는 세계 육계의 80~90%를 생산하여 공급하고 있으며, 세이셜 공화국과 마다가스카르에서도 상업적 규모로 재배하고 있다.

▲ 육계나무 (*Cinnamomum verum*)

## 거룩한 향기름

> 너는 상등 향품을 취하되 액체 몰약 오백 세겔과 그 반수의 향기로운 육계
> 이백 오십 세겔과 향기로운 창포 이백 오십 세겔과
> 계피 오백 세겔을 성소의 세겔대로 하고 감람 기름 한 힌을 취하여
> 그것으로 거룩한 관유를 만들되 향을 제조하는 법대로 향기름을 만들찌니
> 그것이 거룩한 관유가 될찌라 _출애굽기 30:23-25

하느님이 모세에게 일러 액체 몰약 500세겔, 육계 250세겔, 창포 250세겔, 계피 500세겔을 성소의 세겔대로 하고 감람유올리브유 한 힌을 취하여, 성별聖別하는 거룩한 기름 관유를 만들라고 하였다. 그리고 그것으로 회막과 증거궤와 성소의 모든 기명에 바르고, 상과 그 기구, 등잔대와 그 기구, 분향단, 번제단, 그 모든 기구와 물두멍과 그 받침에 발라 그것들을 지극히 거룩한 것으로 구별하라고 하였다.

또, 아론과 그 아들들에게 그 기름을 발라 거룩하게 하여, 제사장의 직분을 행하게 하였으며, 이스라엘 자손에게도 "이것은 너희 대대로 내게 거룩한 관유니 사람의 몸에 붓지 말며, 이 방법대로 이와 같은 것을 만들지 말라. 이는 거룩하니 너희는 거룩히 여기라."고 하였다. 즉, 관유는 거룩한 것이니 사람을 위해 만들지 말라고 한 것이다. 이처럼 거룩한 관유를 만드데 향기로운 육계가 들어간다.

이 구절에서 육계와 계피가 함께 나오는데, 육계는 250세겔, 계피는 500

**토막상식**

**육계** © Simon A. Eugster
녹나무과에 속하는 상록수인 육계나무의 껍질로 만든 향료. 껍질 외측의 거칠거칠한 부분은 제거하고 내측의 껍질만 건조시키면 휘말려서 관상(管狀)이 된다.

세겔을 넣으라고 하였다. 이는 육계가 계피에 비해 절반만 써도 될만큼 향기롭다는 것을 뜻한다.

> 자리엔 몰약에다 침향과 육계향을 뿌렸지요.
> 가서 밤새도록 놀며 한껏 사랑에 취해 봅시다.
>
> _잠언 7:17-18 《공동번역 성서》

〈잠언〉 7장에 음녀와 어리석은 젊은이에 관한 이야기가 나온다. 음녀는 자기 남편이 돈주머니를 가지고 멀리 길을 떠나 집에 없으며, 보름 안에는 오지 않을 것이라 하였다. 그리고 자신의 침대에는 요를 펴고 이집트산 화려한 천을 깔아 놓았으며, 방에는 몰약에다 침향과 육계향을 뿌려 놓았으니 가서 밤새도록 놀며 한껏 사랑에 취해 보자고 젊은이를 유혹하였다.

이처럼 육계향은 최상의 향료로 침실에 사용하기도 하였다.

## 두로의 중요한 교역품

> 워단과 야완은 길쌈하는 실로 네 물품을 무역하였음이여 백철과 육계와 창포가 네 상품 중에 있었도다
>
> _에스겔서 27:19

두로는 당시 지중해에서 동서남북을 연결하는 중요한 무역 도시였다. 그

**토막상식**

**두로의 고대 유적지** © Heretiq

레바논 남부의 지중해 연안에 있는 두로의 옛 유적지. 아름다운 지중해와 하얀 대리석이 조화를 이루는 두로 유적지는 한때 두로가 매우 번성했던 고대 페니키아의 최대 항구도시였음을 말해주고 있다.

성을 중심으로 매우 부유하고 강성한 나라를 형성하고 있었으며, 그들은 스스로를 온전히 아름답다고 자찬하였다.

여러 나라가 두로의 배와 무역하였다는 자세한 기록이 〈에스겔서〉 27장에 나온다. 다시스와는 은과 철과 주석과 납을, 야완과 두발과 메섹과는 노예와 구리물품을, 에돔과는 터키석과 보라색 양모와 여러 가지 색깔의 자수품과 고운 직물과 산호와 루비를 거래하였다.

또, 유다와 이스라엘 땅도 민닛의 밀과 좋은 식품과 꿀과 기름과 발삼을, 다마스코스와는 헬본의 포도주와 자할의 양모를 교역하였다. 그리고, 우살의 워단과 야완이 잘 단련한 쇠와 육계와 향초를 가지고와 두로의 물품과 바꾸어 갔다고 하였다.

## 불사조와 시나몬

고대 로마시대부터 유럽에서는 향신료를 적극적으로 수입하기 시작하였다. 유럽에 유통되는 향신료는 대부분 동남아시아에서 생산되어 유럽으로 들어갔는데, 도중에 사고나 도적들로 인한 위험부담이 커서 값이 천정부지

**토막상식**

**육계 오일**

육계나무의 껍질에서 채취한 오일로 식재료, 화장품의 원료, 방부제 등으로 사용된다.

로 치솟기도 했다.

게다가 이슬람 상인들이 향신료 가격을 올리기 위해, 아라비안나이트 같은 곳에서나 나올 법한 기괴한 거짓 이야기를 지어내어 퍼트렸다. 성경에도 여러 번 등장하는 시나몬이 귀한 것임을 알리기 위해 조작된 일화가, 기원전 500년경의 그리스 역사가 헤로도토스Herodotos의 기록에도 남아있다.

아랍 상인과 페니키아 상인들은 시나몬이 아주 먼 섬나라에서 나는데, 그 섬에서도 큰 모험을 해야 구할 수 있는 아주 귀한 것이라고 사람들을 속였다. 즉, 시나몬은 아랍지방에 있는 무서운 육식 조류인 불사조의 둥지에서 발견할 수 있는데, 이것은 매우 가파른 곳에 있었기 때문에 아무도 갈 수 없다고 했다. 그러나 아랍인들은 시나몬을 가져올 수 있는 놀라운 방법을 알아냈다고 했다. 그들은 죽은 지 얼마 안되는 짐승을 크게 잘라서 불사조의 둥지 근처에 흩어 놓으면, 불사조가 둥지에서 나와 이 고기를 물고 다시 둥지로 돌아가기를 반복했다고 한다. 결국 불사조의 둥지는 고기의 무게를 견디지 못하고 무너졌기 때문에, 아랍인들은 시나몬을 손에 넣을 수 있었다고 했다.

# 백단목

백단목(白檀木)은 히브리어로 알굼(algum) 또는 알묵(almug)인데, 영어 이름은 히브리어 이름을 그대로 음역하여 앨머그 우드(almug wood)라 부른다. 앨머그(almug)는 백단향유(sandalwood oil)를 가리킨다.

백단목의 학명은 산타룸 알붐(*Santalum album*)이며, 속명(*Santalum*)은 이 식물의 아라비아어 이름 sandal에서 유래한 것이며, 영어 이름은 샌들우드(sandal wood)라고도 한다. 종소명(*album*)은 '백색의'라는 뜻이다.

이 나무는 인도 · 인도네시아 · 말레이시아 등에 자생하는 상록교목으로, 높이 12~15m까지 자란다. 백단목은 목재에서 좋은 향기가 나고 심재가 흰색을 띠므로, 단향(檀香) 또는 백단(白檀)이라고도 한다. 또, 이 나무를 중국어 성경에서는 단향목(檀香木), 일본어 성경에서는 백단(白檀)이라 표기하고 있다.

심재(心材)는 재질이 굳고 치밀하여 불상이나 목세공품, 미술조각품의 소재로 이용된다. 나무의 겉껍질과 변재는 제거하고, 향기가 나는 심재와 뿌리 부위를 가루로 만들어 증류하여 백단향유를 제조한다. 또, 약재로 쓰이며, 향수나 화장품 등의 원료로도 사용된다. 잎은 깃모양겹잎이고 마주나며, 작은잎은 긴 달걀형이다. 흑자색의 꽃이 핀다.

백단목에서 채취한 향료를 단향(檀香)이라 하며, 오래 전부터 인류의 종교행사에 이용되어 온 중요한 향료다. 힌두교에서는 종교의식에 앞서 이 기름을 이마나 상체에 발랐으며, 부자들은 시신을 화장할 때 백단목을 장작으로 썼으며, 관도 이 나무로 만들었다.

우리나라에서도 오래 전부터 단향(檀香)을 약재로 활용했다. 《동의보감》에는 "백단향은 성질이 따뜻하고 맛은 매우며 독이 없다. 열로 부은 것을 가라앉히고, 신장계통이 좋지 않아 배가 아픈 것을 치료한다. 또 명치가 아픈 것과 위장의 문제 등을 해결할 수 있다."라고 나와 있다.

▲ 백단목(*Santalum album*)

## 성전과 왕궁을 짓기 위한 건축재

또 레바논에서 백향목과 잣나무와 백단목을 내게로 보내소서 내가 알거니와 당신의 종은 레바논에서 벌목을 잘하나니 내 종이 당신의 종을 도울찌라

_역대기하 2;8

솔로몬왕은 7년에 걸쳐 하느님의 성전을 건축하여 봉헌하였다. 그리고 자기 왕궁을 건축하는 데는 무려 13년이나 걸렸다. 솔로몬왕이 이토록 크게 그리고 오랫동안 자신의 왕궁을 지은 것은 그가 아내로 맞아 데려온 파라오의 딸을 위해 집을 지어야 했고, 또 다른 많은 왕비들을 위해서도 집을 지어야 했기 때문이었다.

솔로몬왕은 하느님의 성전과 자신의 왕궁을 짓기 위해 여러 종류의 나무를 레바논으로부터 수입했는데, 이 속에 백단목이 들어있다. 이 나무는 성전과 왕궁의 기둥이나 난간의 건축재로 주로 사용되었다.

후람의 신복들과 솔로몬의 신복들도 오빌에서 금을 실어 올 때에 백단목과 보석을 가져온지라
왕이 백단목으로 여호와의 전과 왕궁의 층대를 만들고 또 노래하는 자를 위하여 수금과 비파를 만들었으니 이같은 것들은 유다 땅에서 전에는 보지 못하였더라

_역대기하 9;10-11

**토막상식**

**솔로몬 성전**

에스겔이 예언한 솔로몬 성전을, 19세기에 프랑스 건축가이자 성서학자인 샤를 쉬피즈(Charles Chipiez)가에 도안화한 것.

〈역대기하〉에서는 금이나 보석을 실어오는 배에 함께 실려온 백단목의 가치를 잘 설명해 주고 있다. 이와 같이 귀중한 나무는 전에는 본 일이 없는 귀하고 값비싼 나무라 하였다.

## 백단목이 아니라 자단이다.

> 오빌에서부터 금을 실어온 히람의 배들이 오빌에서 많은 백단목과 보석을 운반하여 오매
> 왕이 백단목으로 여호와의 전과 왕궁의 난간을 만들고 또 노래하는 자를 위하여 수금과 비파를 만들었으니 이같은 백단목은 전에도 온 일이 없었고 오늘까지도 보지 못하였더라
>
> _열왕기상 10;11-12

〈열왕기상〉에는 솔로몬왕이 성전과 왕궁을 짓기 위해 수입한 건축재 속에 백단목이 포함되어 있다. 그러나 앞에서 설명한 것처럼 백단목은 약용이나 향유로 사용되는 값비싼 목재이기 때문에 건축재로 사용하기에는 적합하지 않다고 한다. 따라서 스웨덴의 자연철학자 셀시우스Celsius는 알굼algum이라는 나무가 백단목이 아니라, 자단紫檀이라고 주장하였다.

자단은 일명 홍목자단紅木紫檀이라고도 하며, 영어 이름은 레드 샌달트리

### 토막상식

**자단 염주**

자단의 심재 부위는 재질이 매우 단단하고 치밀하다. 따라서 세공용 목재로 피아노의 검은 건반, 캐스터네츠, 체스게임의 말, 염주 등을 만드는데 많이 이용되고 있다.

▲ 자단(*Pterocarpus santalinus*)

red sandal-tree, 학명은 프테로카르푸스 산타리누스*Pterocarpus santalinus*인데, 속명*Pterocarpus*은 그리스어 pteron날개와 carpos열매의 합성어로 열매에 붙은 가죽질의 날개에서 유래된 것이며, 종소명*santalinus*은 목재에 홍색 색소인 산탈린santalin이 함유되어 있기 때문에 붙여진 이름이다. 심재가 붉기 때문에 한국 · 중국 · 일본에서 모두 자단이라고 부른다.

인도 남부와 스리랑카가 원산지이며, 콩과 소속의 상록교목이다. 높이는 6~17m, 줄기 지름은 30~50cm 정도 자란다. 작은잎이 3장 혹은 5장인 깃꼴겹잎이며, 꽃은 노란색이고 원뿔형 총상꽃차례로 달린다.

목재가 매우 단단하고 나뭇결이 치밀하며, 아름다운 심홍색을 띤다. 건축재 · 가구재 · 기구재 · 조각재뿌리 부위로 쓰이며, 수금이나 비파 등의 악기를 만드는데도 사용된다. 따라서 이 나무의 재목으로 솔로몬 성전과 왕궁의 난간과 계단을 만들었으며, 노래하는 레위인을 위해 수금과 비파를 만들었다고 하였다.

인도에서는 자단 목재의 분말을 백단목의 분말과 섞어서 붉은색의 향료를 만드는데, 이 색소는 힌두 계급을 표시하는 이마의 붉은색 염료로도 사용되었다. 현재 자단은 인도에서 수출하는 고가의 목재 중 하나이며, 사이테스CITES, 야생동식물의 국제거래에 관한 협약 품목에 속한다.

**토막상식**

**백단목 꽃**

5월경에, 짙은 자색의 꽃을 잎겨드랑이에서 총상꽃차례로 피운다.

# 백향목

백향목(柏香木)은 성경에서 103회나 언급될 정도로 중요한 나무로 '수목의 왕'으로 대접을 받는다. 일반적으로 레바논삼나무 혹은 레바논시다(Lebanon cedar)라고 부른다. 학명은 케드루스 리바니(*Cedrus libani*)이며, 속명(*Cedrus*)은 라틴어 케드루스(cedrus)와 그리스어로 향기가 좋은 나무를 뜻하는 kedrus에서 유래된 이름이다. 목재에 향기가 있어서 중국과 일본에서는 향백(香柏)이라고 부른다.

백향목은 높이가 30m, 둘레지름이 2m 정도 자라는 소나무과의 상록교목이며, 수령은 2,000~3,000년에 달한다. 어릴 때의 수형은 피라미드형이지만, 오래되면 가지가 굵어져서 윗부분의 끝이 수평을 이루어 우산 같은 형태를 나타낸다. 우리나라 남부 지방에 많이 식재된 히말라야시다(*Cedrus deodara*)와 비슷하지만, 잔가지가 밑으로 처지지 않는다.

잎은 길이가 2.5~3cm이며, 짙거나 밝은 녹색을 띤다. 열매는 달걀형이고, 3년 만에 갈색으로 익으며 성숙하면 실편(實片)이 흩어져서 날개가 달린 종자가 나온다. 수피에 상처가 나면 송진이 나오는데, 이것은 방부 및 방충 성질이 매우 뛰어나다. 그래서 옛날 로마 귀족들은 이 송진을 시체의 방부제로 사용했다고 한다. 또 불에 태워도 연기나 그을음이 발생하지 않기 때문에 고급연료로 사용되었다.

이집트를 비롯한 고대 근동 국가와 그리스 · 로마 제국의 왕들도 백향목에 큰 관심을 가지고 있었다는 기록이 남아있다. 그 이유는 레바논 숲의 소유권 행사 여부가 왕궁의 건축이나 선박 건조와 밀접한 관련이 있기 때문이다.

백향목은 레바논 · 팔레스타인 · 이스라엘 · 요르단 북서부 · 시리아 서부 · 터키 중남부 등에 분포하며, 특히 레바논산맥 표고 1,500~2,000m의 눈 덮인 높은 산에 많이 자란다. 이처럼 레바논에 주로 자생하기 때문에 레바논의 국목(國木)이며, 레바논 국기에도 백향목이 들어가 있다. 그러나 솔로몬 시대에 레바논에 많이 있었던 것은 확실하지만, 그 후 남벌되어 지금은 그 수가 대단히 줄어들었다. 레바논에서 최고의 경관이라고 일컬어지는 콰디샤 계곡(the Holy Valley)의 백향목 숲은, 1998년 유네스코 세계유산으로 등재되었다.

▲ 백향목(*Cedrus libani*)

## 수목의 왕

볼찌어다 앗수르 사람은 가지가 아름답고 그늘은 삼림의 그늘 같으며 키가 높고 꼭대기가 구름에 닿은 레바논 백향목이었느니라 _에스겔서 31:3

나 주 여호와가 말하노라 내가 또 백향목 꼭대기에서 높은 가지를 취하여 심으리라 내가 그 높은 새 가지 끝에서 연한 가지를 꺾어 높고 빼어난 산에 심되
이스라엘 높은 산에 심으리니 그 가지가 무성하고 열매를 맺어서 아름다운 백향목을 이룰 것이요 각양 새가 그 아래 깃들이며 그 가지 그늘에 거할찌라 _에스겔서 17:22-23

백향목은 생장이 대단히 빠르고 키가 커서 나무의 꼭대기가 구름에 닿을 정도로 웅장하여, 성서시대뿐 아니라 지금도 보는 이들의 외경감을 불러일으킨다. 어린 나무는 폭이 좁은 피라미드 수형을 이루지만, 자라면서 가지가 옆으로 넓게 펼쳐져서 우산을 활짝 편 것 같은 아름다운 수형을 가진다. 또, 나무의 수명이 2,000~3,000년이나 되므로 '수목의 왕'으로 대접을 받기에 부족함이 없다. 예언자 에스겔은 백향목을 이용하여, 세상의 강함 · 권력 · 영광 등을 멋지게 묘사하였다.

내가 아모리 사람을 저희 앞에서 멸하였나니 그 키는 백향목 높이와 같고 강하기는 상수리나무 같으나 내가 그 위의 열매와 그 아래의 뿌리를 진멸하지 아니하였느냐 _아모스서 2:9

### 토막상식

**레바논 국기**
위와 아래의 빨강색은 순교자의 희생을, 하양색은 평화 또는 눈으로 덮인 산들을, 가운데의 백향목은 불멸성을 상징한다.

하느님은 이스라엘이 지은 죄, 그 쌓이고 쌓인 죄를 벌하겠다고 하였다. 그리고 아모리인들을 벌한 선례를 소개하였다. 백향목같이 키가 크고 건장하며 우람한 체격을 가진 아모리인들도, 열매를 가지째 땄고 뿌리를 송두리째 뽑아 버렸다고 하였다.

## 우수한 건축재

> 당신은 영을 내려 나를 위하여 레바논에서 백향목을 베어내게 하소서 나의 종과 당신의 종이 함께할 것이요 또 내가 당신의 모든 말씀대로 당신의 종의 삯을 당신에게 붙이리이다 당신도 알거니와 우리 중에는 시돈 사람처럼 벌목을 잘하는 자가 없나이다
> _열왕기상 5;6

《구약성경》〈열왕기〉, 〈역대기〉, 〈사무엘기〉 등에 보면, 백향목 목재가 다른 어떤 목재보다 건축재로 귀한 대접을 받았다는 내용이 나온다. 백향목은 목재에서 강한 향기를 뿜으며, 나무진이 많아서 벌레가 없을 뿐 아니라, 잘 썩지 않는 내구력耐久力이 우수한 나무이기 때문이다. 이러한 나무의 특성으로 인해 건축재뿐 아니라 선박재 · 악기재 · 조각재 · 관재官材로도 널

### 토막상식

**백향목 오일**

백향목 오일은 주로 남성 화장품 · 비누 · 살균제 등으로 사용된다.

리 사용되었다. 두로에 정박 중인 대함대의 갑판용 판자와 돛대도 백향목 목재를 사용했으며, 솔로몬의 전차戰車도 이 목재로 만들었다.

솔로몬왕 · 히람왕 · 키루스왕 · 아시리아의 왕을 비롯하여, 레바논과 국경을 접하고 있는 모든 나라의 지배자들이 자신의 궁전을 조영할 백향목을 구하기 위해 레바논 산을 침략했다.

> 내 종이 레바논에서 바다로 수운하겠고 내가 그것을 바다에서 떼로 엮어 당신이 지정하는 곳으로 보내고 거기서 그것을 풀리니 당신은 받으시고 나의 원을 이루어서 나의 궁정을 위하여 식물을 주소서 하고 _열왕기상 5:9

솔로몬왕은 예루살렘 성전을 짓는데 7년이 걸렸다. 여기에는 이스라엘인 3만 명과 과거에 전쟁포로로 잡혀온 15만 명, 그리고 감독관 3천 3백 명이 레바논에 파송되었으며, 레바논 산에서 벌채한 목재는 바닷길로 욥바에 보내어지고, 여기서 다시 육로를 통하여 예루살렘으로 운반되었다.

▲ 레바논에서 백향목을 수운하는 모습을 나타낸 부조, 루브르 박물관 소장

전의 건축이 마치니라 그 전은 백향목 서까래와 널판으로 덮었고
또 온 전으로 돌아가며 고가 다섯 규빗 되는 다락방을 건축하되 백향목 들
보로 전에 연접하게 하였더라 _열왕기상 6;9-10

이렇게 운송된 목재는 성전의 천정과 서까래, 대들보를 만드는데 사용되었다. 또 성전 곁에 건물을 지었는데, 이곳도 각 층은 높이가 다섯 척으로 백향목 재목으로 전殿과 맞붙게 지었다고 하였다. 또, 성전의 내부 장식 역시 많은 부분을 백향목으로 치장하였다고 기록하고 있다. 백향목 널판으로 전의 안벽 곧 전 마루에서 천장까지의 벽에 입히고〈열왕기상〉 6:15, 전 뒤편에서부터 이십 규빗 되는 곳에 마루에서 천장까지 백향목 널판으로 가로막아 전의 내소 곧 지성소를 만들었으며〈열왕기상〉 6:16, 전 안에 입힌 백향목에는 박과 핀 꽃을 아로새겼으며〈열왕기상〉 6:18, 백향목 제단도 만들었으며〈열왕기상〉 6:20, 다듬은 돌 세 켜와 백향목 두꺼운 판자 한 켜로 둘러 안뜰을 만들었다〈열왕기상〉 6:36고 하였다.

저가 레바논 나무로 궁을 지었으니 장이 일백 규빗이요 광이 오십 규빗이
요 고가 삼십 규빗이라 백향목 기둥이 네 줄이요 기둥 위에 백향목 들보가
있으며 _열왕기상 7;2

또, 다윗왕 때에 시작하여 솔로몬왕 때 완성한 솔로몬 궁을 짓는데 13년이 걸렸다고 하였으며, 궁의 주요 부위에 백향목을 사용하였다고 적고 있다.

### 토막상식

**백향목 열매**

달걀형이고 3년 만에 갈색으로 익으며, 성숙하면 날개가 달린 종자가 나온다.

고대 이집트 사람들은 미이라를 만들 때에 내구력이 우수한 백향목을 관재로 사용하였으며, 백향목에서 채취한 수지樹脂를 시신에 발라서 부식을 방지했다고 한다. 또, 고대 로마에서도 이 수지를 서책이나 오래 보관할 문서로 쓸 종이에 칠하여, 좀이 스는 것을 방지했다고 한다.

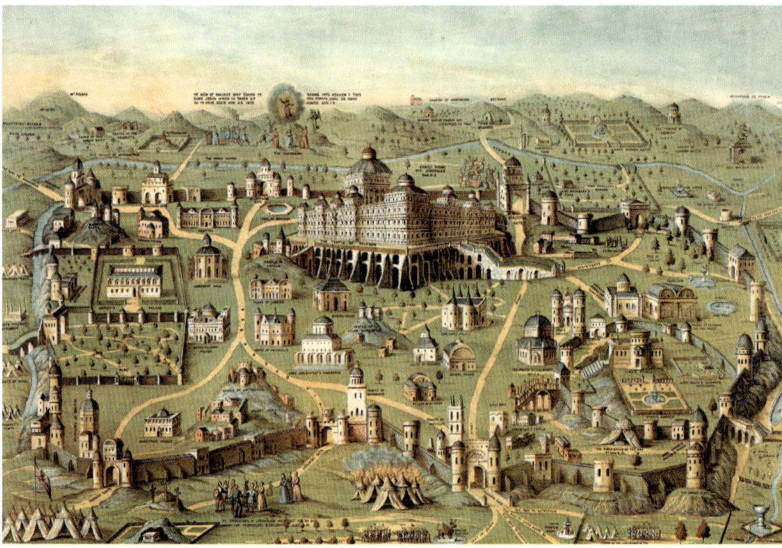

▲ 고대 예루살렘의 솔로몬성전

## 백향목의 남벌

솔로몬왕 시절에 그토록 울창하던 레바논의 백향목 대삼림은 레바논의 영광이자 자랑이었다. 그래서 이후 백향목은 레바논의 국목國木이 되었으며, 국기와 우표 그리고 화폐의 도안에도 들어가 있다. 그러나 삼천 년이 지난 지금은 간곳이 없고, 단지 레바논 산맥의 일부 계곡에만 존재한다.

이는 인간의 이기심이 이토록 멋진 자연의 작품을 열심히 파괴한 결과이다. 문명이라는 이름으로 더 많은 나무를 벌채하고 더 많은 토지를 개척한 결과, 표토가 유실되고 모래먼지만 남아 사막으로 변한 것이다. 성경에서 말하는 '젖과 꿀이 흐르는 땅', '대추야자나무가 무성한 땅'이 황량한 사막으로 변해버린 것이다. 창조주에게 기도하는 신전을 세우기 위해, 창조주가 만든 신성하고도 아름다운 숲을 인간의 손으로 파괴한다는 것은, 신을 거스르는 이율배반적인 행동이다.

대저 네가 레바논에 강포를 행한 것과 짐승을 두렵게 하여 잔해한 것 곧 사람의 피를 흘리며 땅과 성읍과 그 모든 거민에게 강포를 행한 것이 네게로 돌아오리라 _하박국서 2:17

▲ 백향목 ⓒ Jerzy Strzelecki

하박국 선지자는 인간의 이러한 행위를 '레바논에 행한 포학'이라고 지적하였다. 또, 이러한 몰락을 예견한 것인지, 《길가메시 서사시》에서는 "삼나무 숲을 파괴하면 문명이 붕괴하리라."라는 구절이 나온다.

그 울창하던 백향목 숲이 인간의 남벌로 인해 황폐화되고, 일부만 남은 계곡에 12그루의 큰 교목이 있다. 이것을 회교도들은 '성자의 화신'이라 하여 신성시하며, 유다인들은 '솔로몬의 12친구'라고 부른다. 기독교도들은 '예수의 12사도'라 하여, 매년 8월 6일을 예수님의 타보르산에서의 영광스러운 모습으로 변형된 기념일로 삼고 있으며〈마태복음〉17:2-8, 아르메니아 교회와 그리스 동방정교회, 몰몬교의 신자들도 이 나무를 찾아서 순례를 온다고 한다.

## 백향목의 전설

전설에 의하면, 아담은 죽음이 다가왔을 때, 그의 아들 셋Seth을 에덴동산으로 보내어 동산을 지키던 천사에게 '생명의 나무'의 귀중한 수액을 조금만 얻어와 마시게 해달라고 부탁했다. 천사는 그 나무의 수액을 주면서, 한 나무의 밑동에서 가지를 잘라서 셋에게 주었다. 얼마 안가서 아담이 숨을 거두고 그의 묘지에 그 가지를 심었더니, 거기에서 3갈래의 큰 가지가 나왔다. 이것이 커서 각각 사이프러스 · 백향목 · 올리브나무가 되었다고 한다. 이 나무들은 5천 년 후, 예수님이 인간의 죄를 대신하여 못 박힌 십자가를 만드는 재료가 되었다. 기둥은 백향목, 가로로 지른 나무는 사이프러스, '유다인의 왕, 나사렛 예수Iesus Nazarenum Rex Iudaeorum'라고 쓴 표지판은 올리브나무로 만들었다고 한다.

다른 전설에 의하면, 시바의 여왕이 솔로몬왕을 방문했을 때, 백향목으로 만든 다리를 건너서 연못을 통과하라는 요구를 받았다. 그녀가 다리에 발을 걸치려고 할 때, 갑자기 백향목이 그리스도의 십자가가 되어 그리스도가 몸을 지탱하는 것을 꿈에서 본 것이 생각나서, 그 다리 위를 건너가는 것이 싫다고 하며 거절했다. 유다인들은 자신들이 기다리는 장래의 메시아에 대한 불길한 죽음을 암시하는 말에 화를 냈지만, 더 이상 여왕에게 해를 가하지 않았다고 한다.

또 다른 전설에 의하면, 한 천사가 무서운 폭풍우를 만났으나 거대한 백향목 아래에서 몸을 피할 수 있었다. 태풍이 지난 후에, 천사는 하느님께 "이 나무는 향기가 좋고 그늘이 시원하기 때문에, 장차 인간에게 도움이 되는 열매를 맺게 해주십시요."라고 기도를 올렸다. 그래서 이 열매에서 난 백향목이 예수 그리스도의 성상聖像, ikon을 만드는 재목으로 사용되었다고 한다. 그 이후 성상은 백향목으로 만들게 되었으며, 지금도 고대 분묘에서 백향목으로 조각한 성상이 원형대로 발견되어 이를 증명해주고 있다.

▲ 〈시바의 여왕을 영접하는 솔로몬왕〉 귀스타브 도레

## 《길가메시 서사시》의 백향목

세계에서 가장 오래된 바빌로니아의 영웅서사시 《길가메시 서사시Gilgamesh Epoth》는 우루크의 왕 길가메시에 대한 이야기이다.

길가메시는 3분의 2는 신이고, 3분의 1은 인간인 초인적인 존재이다. 신들은 폭군 길가메시를 벌하기 위해 괴물 엔키두Enkidu를 보낸다. 엔키두는 우루크로 가서 길가메시와 싸우지만, 싸우는 사이에 정이 들어 이들은 세상에 둘도 없는 친구가 된다.

그리고 우루크 북쪽에 있는 백향목 숲에서 나무를 베어내는 사람들을 방해하는 훔바바Humbaba를 퇴치하기 위해 길을 떠난다. 훔바바는 입으로 불길과 독김을 내뿜는 거대한 괴물이었으며, 한편으로는 백향목 숲의 수호자와도 같은 존재였다.

◀ 길가메시
고대 메소포타미아 수메르 왕조 초기인 우르 제1왕조의 전설적인 왕으로, 수많은 신화나 서사시에 등장하는 영웅이다.

가는 도중에 여기저기에서 훔바바의 주문에 걸려 고생하다가, 이윽고 괴물을 만나게 된다. 훔바바는 그들에게 왜 백향목을 베어내느냐고 나무라며, 입을 벌려 강한 독기를 내뿜었다. 이에 길가메시와 엔키두가 태양신 샤마슈에게 기도를 드리자, 샤마슈는 그들을 위해 강한 바람을 보내주었다. 정면에서 강풍의 공격을 받은 훔바바가 거대한 몸을 비틀거리자, 길가메시는 훔바바의 머리를 향해 커다란 도끼를 내리쳐 그를 쓰러뜨린다. 이리하여 길가메시는 난폭한 숲의 마물 훔바바를 물리친다. 그러나 신들은 훔바바를 죽인 길가메시를 꾸짖으며, 그로 하여금 큰 대가를 치르게 했다.

한 가지 재미있는 것은《길가메시 서사시》속에 홍수 설화가 등장하는데, 이것은 〈창세기〉에 나오는 '노아의 홍수' 이야기와 유사한 스토리로 되어 있다.

▲ 백향목 숲
레바논의 알 슈프(Al Shouf) 백향목 자연보호구역.

05

나미 부부의 성경 속 나무 스토리텔링

# 월계수

월계수는 녹나무과의 상록교목으로 높이가 10~15m 정도 자라며, 지중해 연안이 원산지이다. 학명은 라우루스 노빌리스(*Laurus nobilis*)이며, 속명 라우루스(*Laurus*)은 켈트어 laur(녹색)에서 온 라틴어 이름으로 월계수가 상록수인 것에서 유래한 것이다. 종소명 노빌리스(*nobilis*)는 '기품이 있는'을 뜻한다는 견해와 올레미아 노빌리스(*Wollemia nobilis*)를 발견한 데이빗 노블(David Noble)의 이름에서 유래한 것이라는 견해가 있다.

월계수는 상록활엽수로, 가지와 잎이 무성하며 어린 가지는 녹색이고 털이 있다. 잎은 어긋나고 긴타원형이며, 조직이 두껍고 광택이 있고 짙은 녹색을 띤다. 가장자리에는 톱니가 없으나 물결 모양으로 구불구불하고, 손으로 비비면 향기가 난다. 꽃은 암수딴그루(雌雄異株)이며, 4~5월에 잎겨드랑이에서 작은 노란색 꽃이 1~3개씩 모여 핀다. 열매는 타원꼴 둥근형의 장과(漿果)로 작은 포도 정도의 크기이며, 10월에 검은빛을 띤 자주색으로 익고, 그 속에 하나의 종자가 들어있다. 영어 바칼로리트(baccalaureate)는 원래 월계수의 장과를 뜻하였지만, 지금은 프랑스의 대학입학 자격시험 또는 미국의 고교 졸업예배 등의 뜻으로 쓰이고 있다.

월계수 잎은 유다인들이 즐겨 먹는 향신료의 원료이며, 이태리 음식뿐 아니라 서양 음식에 빠질 수 없는 중요한 향신료이기도 하다.

또, 월계수 잎을 엮어서 만든 관을 월계관이라 하며, 고대 그리스 올림피아 경기의 우승자에게 수여한 것으로 널리 알려져 있다. 그러나 실제로는 올리브나무 가지로 엮은 관을 씌워주었다고 한다. 이처럼 올리브관이 월계관으로 잘못 알려진 것은, 고대 그리스에서 월계수는 아폴로 신에게 바치는 신성한 나무였기 때문이다. 따라서 월계관은 운동경기나 학문, 문학 등에서 가장 뛰어난 사람을 찬양하는 추상적인 표현으로 사용되었다.

▲ 월계수(*Laurus nobilis*)

## 무성한 푸른 나무

내가 악인의 큰 세력을 본즉 그 본토에 선 푸른 나무의 무성함 같으나

_시편 37:35

〈시편〉의 이 구절에 나오는 '푸른 나무'에 대해서는 의견이 분분하다. 이 나무를 백향목이라고 번역하는 학자들은, 《70인역 성경》이 백향목이라고 한 표현을 그대로 인용한 것으로 보인다. 그러나 식물학에 권위 있는 대부분의 학자들은 이 나무가 월계수라고 주장하고 있다. 백향목을 나타내는 히브리어는 에레즈erez이지만, 〈시편〉의 이 구절에 사용된 히브리어는 에즈라크ezrach이다. 이 에즈라크는 성경 속에 14회 나오는데, 이들은 모두 '본래의 토지에 생육하는 수목 이식되지 않은 수목'이라는 의미를 가지고 있다.

만약 여기에 나오는 식물이 어떤 특정한 종을 지칭한다면, 그것은 강이나 호수 부근에 잘 생육하는 상록수인 월계수로 보는 것이 가장 타당하다는 견해가 많다. 물론 성지의 물가에서 잘 자라는 목본 중에는 화려한 꽃을 피우는 서양협죽도*Nerium oleander*가 있다. 그러나 협죽도는 《구약성경》에서는 반드시 '장미'로 표기되어 있고, 또 여기에서 인용하고자 하는 이미지와 딱 맞아떨어지지 않기 때문에 서양협죽도라고 보기는 어렵다는 것이 일반적인 견해이다.

**토막상식**

**월계수잎 정유**

월계수 잎으로 만든 오일은 화장품 비누의 향료로 쓰이며, 항균·방부·해충 구제 등의 효과가 있다.

## 승리와 영광의 상징

다윗이 월계수를 번영의 상징으로 선택한 것은 월계수가 시원스러운 잎을 달고 있고 좋은 향기를 풍기며, 변하지 않는 상록성을 지니고 있기 때문으로 보인다.

월계수 잎이 달린 가지로 엮은 관을 월계관이라 하는데, 고대 그리스 올림픽 경기의 승리자에게 씌워준 것으로 잘 알려져 있다. 이후로 전쟁이나

▲ 〈월계관을 쓰는 승리의 기사〉 프랭크 딕시

경기의 승자뿐 아니라, 시인이나 음악가에게도 월계관을 씌어주어 승리를 축하하였으며, laureate수상자와 poet laureate계관시인, 桂冠詩人이라는 말도 여기에서 유래된 것이다. 또, 당시의 장군들은 승리의 상징으로 월계수 가지를 들고 다녔으며, 전승 통지도 월계수 잎에 싸서 황제에게 전했다고 한다.

> 경기에 나서는 사람들은 온갖 어려움을 이겨 내야 합니다. 그들은 썩어 없어질 월계관을 얻으려고 그렇게 애쓰지만 우리는 불멸의 월계관을 얻으려고 애쓰는 것입니다 _고린도전서 9:25 《공동번역 성서》

사도 바울은 복음을 전하는 일에 대해 말하면서, 온갖 어려움을 이기고 승리하는 자만이 월계관을 쓸 수 있다고 하였다.

월계수는 카르멜 산과 헤브론 주위에 많다고 하지만, 성지에서 일반적으로 볼 수 있는 식물은 아니다. 월계수가 성경 속에 그다지 빈번하게 나오지 않는 이유에 대해 다음과 같이 분석하는 학자도 있다.

"월계수가 팔레스타인 지역에서는 흔하게 보이는 식물이 아니었기 때문이다. 만약 자주 볼 수 있는 식물이었다면, 아름다운 수형과 쾌적한 그늘, 잎에서 나는 향기 등이 사람들의 이목을 끌지 않았을 리가 없다."

월계수의 열매 · 잎 · 뿌리 · 수피는 오래 전부터 약재로 쓰였으며, 월계수 잎은 지금도 향신료로 널리 사용되고 있다. 또, 잎에서는 기름oil of bay을 채취하는데 방향이 아주 좋으며, 잎을 럼주rum酒에 담가 증류하여 베이럼 bay rum을 만들기도 한다.

## 그리스 신화 속의 월계수

어느 날, 아폴론은 사랑의 신인 에로스의 작은 화살을 보고 비웃었다. 이에 화가 난 에로스는 아폴론에게 사랑의 화살을 쏘고, 다프네에게는 미움의 화살을 쏘았다. 아폴론은 다프네를 보고 사랑에 빠졌지만, 다프네는 아폴론을 미워하기 시작했다. 아폴론은 다프네에게 사랑을 고백하며, 그녀를 뒤쫓아갔다. 다프네가 아폴론에게 잡히는 순간, 다프네는 아버지 페네이오스에게 자신을 월계수로 만들어 달라고 간청했다. 아폴론이 다프네를 붙잡자, 그녀는 월계수로 변했다. 아폴론은 월계수로 변한 다프네를 붙잡고 울면서 이렇게 맹세했다.

▲ **〈아폴론과 다프네〉** 피에로 델 폴라이오로

"당신을 내 아내로 삼는 것이 불가능하다면, 내 곁에 두고 나의 나무로 삼겠소. 그리고 당신의 잎으로 왕관을 만들어 내 머리를 장식하겠소."

그 이후 월계수그리스어로 다프네는 아폴론의 성수聖樹가 되었다. 이 신화는 오랫동안 많은 화가와 조각가들의 작품 소재가 되었다. 작품 속에서 다프네는 양손을 위로 올리고 서있는 자세로 나타나며, 그녀의 팔과 다리는 점차 월계수로 변해가고 있다.

고대인들은 이 나무가 신탁을 전하는 인간이나 예언자에게 예언하는 능력을 주며, 불행을 물리치고, 낙뢰로부터 집을 보호해준다고 믿었다. 로마 황제 티베리우스Tiberius는 천둥이 칠 때면, 월계수 잎을 엮어서 머리에 쓰고, 침대 아래에 들어갔다는 이야기가 있을 정도로 이 나무의 효용성을 절대적으로 신뢰했다고 한다.

또, 월계수 아래에 서면 마녀나 마법으로부터 보호를 받을 수 있다고 생각하였으며, 열매는 여러 가지 병을 예방하는 힘이 있다고 믿었다. 네로Nero 황제는 페스트가 유행할 때, 월계수가 정화하는 공기를 마시기 위해 라우렌티움Laurentium으로 피난했다고 한다.

**토막상식**

**《70인역 성경》**
현존하는 성서 중에서 가장 오래된 그리스어역 《구약성경》. 기원전 250~200년경, 당시 최고의 성서번역가 72인이 모여 이집트의 알렉산드리아에서 완성하였다.

▲ 월계수는 성서시대의 영광을 상징한다.
〈**신성자연학(神聖自然學)**〉 요한 야코프 슈이처(1728)

# 아카시아나무(조각목)

《개역한글 성경》에 조각목으로 나오는 이 나무의 히브리어 이름은 싯딤(shittim)이다. 이것은 이집트어 sndit에서 유래된 것으로, 아랍어 sunt와 동일하다. 이 나무는 이집트 · 아라비아 · 이스라엘 남부에 자생하는 아카시아의 한 종류로, 학명은 아카치아 라디아나(*Acacia raddiana*)이다. 이 나무를 조각목이라고 한 것은 중국에 이와 비슷한 조각자나무(*Gleditsia sinensis*)가 있는데, 중국어 성경에서 이를 조협목(皁莢木)으로 번역한 것을 우리가 받아들여서 조각목이라 오역한 것이다. 그러나 《공동번역 성서》에서는 아카시아나무로 바르게 번역되어 있다.

높이는 5~8m 정도 자라며, 우산 모양의 수형을 가지고 있다. 사해의 계곡 근처에서 흔하게 볼 수 있으며, 건조한 사막에서도 잘 자라는 나무다. 잎은 2회 깃꼴겹잎(羽狀複葉)이며, 턱잎(托葉)이 변한 가시가 있다. 꽃은 황색이고 작으며, 긴 꽃자루(花梗) 끝에 둥글게 모여서 핀다. 콩꼬투리 모양의 열매는 평평하고 꼬이며, 그 안에 많은 종자가 들어 있다.

아카치아(*Acacia*)라는 속명은 화살촉 혹은 낚시 바늘의 걸고리 등을 나타내는 그리스어 akis에서 유래된 것으로, 아카시아나무의 가시를 보고 붙인 이름이다. 아카시아류는 세계적으로 500종이 있으나, 이스라엘 · 시나이 반도 · 이집트 등에는 4종이 분포한다. 그 중에서 건축재로 쓰일 만큼 큰 것은 아카치아 라디아나, 아카치아 토르틸리스(*A. tortilis*), 아카치아 세얄(*A. seyal*) 등이 있다.

우리는 봄에 매우 향기로운 흰색 꽃을 피우며, 꿀이 많은 밀원식물을 아카시아나무로 알고 있다. 하지만 이 나무는 가짜아카시아 혹은 개아카시아로, 학명은 로비니아 프세우도아카치아(*Robinia pseudoacacia*)이다. 진짜 아카시아는 근래에 우리나라에 도입되었으므로, 먼저 도입된 가짜 아카시아를 아카시아라 부르는 것이다. 이 가짜 아카시아나무는 북미가 원산으로 1900년 초에 도입되어, 황폐지의 복구용 및 연료림으로 식재되었으며, 지금은 대표적인 밀원식물로 자리 잡고 있다.

▲ 아카시아나무 (*Acacia seyal*)

## 성막의 기물을 만드는 신성한 나무

그들은 조각목으로 궤를 짓되 장이 이 규빗 반, 광이 일 규빗 반, 고가 일 규빗 반이 되게 하고 _출애굽기 25;10

금 갈고리로 네 기둥 위에 드리우되 그 네 기둥을 조각목으로 만들고 금으로 싸서 네 은받침 위에 둘찌며 _출애굽기 26;32

이집트에서의 노예생활로부터 해방된 이스라엘 백성들이 홍해를 건너 시내 광야에 이르렀다. 이때 하느님께서 모세에게 성소를 지을 것을 명령하고, 그 안에 준비할 증거궤에 대해 말하였다. 아카시아나무는 증거궤와 이곳에 쓰는 기물을 만드는 재목으로 지목된 중요한 나무로 〈출애굽기〉에 여러 번 등장한다. 언약궤 〈출애굽기〉 25:10와 언약궤를 메는 채 〈출애굽기〉 25:13, 진설병을 차리는 상 〈출애굽기〉 25:23과 상을 메는 채 〈출애굽기〉 25:28, 성막 지성소을 지을 널판지나 각목 등의 재목 〈출애굽기〉 26:15, 26, 32, 37이 조각목이었다.

너는 조각목으로 장이 오 규빗, 광이 오 규빗의 단을 만들되 네모 반듯하게 하며 고는 삼 규빗으로 하고 _출애굽기 27;1

너는 분향할 단을 만들찌니 곧 조각목으로 만들되 _출애굽기 30;1

또, 번제단 〈출애굽기〉 27:1과 번제단의 채 〈출애굽기〉 27:6, 분향단 〈출애굽기〉 30:1과 분향단의 채 동 30:5 등을 만드는데 쓰인 귀중한 나무이기도 했다. 따라서 이스라엘 백성들은 이 나무를 신성한 나무로 여겨, 이것으로 개인의 가옥이나 기물을 만들지 않았다고 한다.

고대 이집트에서는 어머니신 母神 비이트에게 바친 나무였으며, 신 자신도 이 나무에 깃들어 있다고 했다. 또, 이 나무가 썩지 않는다고 믿어서 영생의 상징으로 개무화과나무로 만든 미이라의 관을, 아카시아나무로 덧씌웠다고 한다.

▲ 하느님께서 모세에게 아카시아나무로 성소를 지으라고 명하였다.
〈**신성자연학(神聖自然學)**〉 요한 야코프 슈이처(1728)

# 흑단(오목)

흑단은 학명이 디오스피로스 에베눔(*Dispyros ebenum*)이고, 히브리어로는 호베님(hovenim)이라 하며, 영어 이름은 에보니(ebony)이다. 재목이 까마귀처럼 검기 때문에, 중국에서는 까마귀 오(烏) 자를 써서 오목(烏木)이라 한다. 이 나무가 《공동번역 성서》에서는 박달나무로 잘못 번역되어 있다.

흑단은 감나무과 감나무속(屬) 소속이며, 속명 디오스피로스(*Diospyros*)은 그리스어로 dios(신)와 pyros(열매)의 합성어로 과일의 맛을 찬양한 것이며, 종소명 에보눔(*ebonum*)은 '칠흑같이 검은'이라는 뜻이다.

감나무속의 나무는 세계적으로 열대와 아열대 지역에 약 500종이 분포한다. 감이나 단감처럼 열매를 생산하는 종류가 있고, 염색의 원료가 되는 탄닌(tannin) 성분을 생산하는 종류가 있으며, 흑단과 같이 유용한 용재(用材)를 생산하는 종류도 있다.

용재를 생산하는 것 중에 심재가 검은 것을 흑단이라 하며, 대표적인 흑단으로 디오스피로스 에베나스테르(*D. ebenaster*), 디오스피로스 메라노키시론(*D. melanoxylon*) 등 인도산 2종과 디오스피로스 에베눔(*D. ebenum*)이 있다. 성경에서 언급한 흑단은 디오스피로스 에베눔을 가리키는데, 스리랑카가 원산지이므로 실론 에보니(Ceylon ebony)이라고도 부른다.

흑단은 말레이 반도 · 타이 · 인도 남부 · 스리랑카 등이 원산지이며, 높이 20~25m 정도로 곧게 자라는 상록교목이다. 잎은 감나무 잎과 비슷한 긴 타원형이며, 가죽질이고 어긋나게 붙는다. 종 모양의 꽃은 암꽃과 수꽃이 한 그루에 핀다. 둥근 모양의 열매는 작은 감과 비슷하며, 적황색으로 익는다.

변재는 회색에 검은 무늬가 있고 연하지만, 심재는 오래되면 새까맣게 되기 때문에 장식목 중에서 최고로 친다. 또 심재는 조직이 굳고 치밀하며, 문지르면 광택이 나기 때문에 고급가구 · 기구 · 악기 · 조각재 · 지팡이 등의 재료로 쓰인다.

▲ 흑단(*Diospyros ebenum*)

## 사치품 수입 목재

드단 사람은 네 장사가 되었음이여 여러 섬이 너와 통상하여 상아와 오목을 가져 네 물품을 무역하였도다 _에스겔서 27:15

두로는 지중해 연안의 도시 국가로, 이스라엘의 가나안 정복 당시 이미 견고한 도시 국가 형태를 갖추고 있었다. 다윗과 솔로몬 시대에는 이스라엘과 우호 조약을 맺고 성전 건축에 필요한 건축 자재와 목공이나 석공 등의 기술자를 지원하기도 했다. 그리고 주위의 국가들과도 활발하게 무역하였다. 〈에스겔서〉에는 두로의 배에 관한 내용이 다음과 같이 기록되어 있다.

"스닐의 잣나무로 판자를 만들고, 레바논 백향목을 가져 돛대를 만들었다. 바산 상수리나무로 네 노를 만들고, 깃딤 섬 황양목에 상아로 꾸며 갑판을 만들었다. 애굽의 수놓은 가는 베로 돛을 만들어 기를 삼았으며, 엘리사 섬의 청색 자색 베로 차일을 만들었다."

이처럼 화려하게 치장한 두로의 배로 열방들과 무역을 하였으며, 이들 무역품에 관한 내용도 다음과 같이 자세하게 기록되어 있다.

"다시스는 각종 보화가 풍부하므로 은과 철과 상납과 납을 가지고 무역하였다. 야완과 두발과 메섹은 노예와 놋그릇을 가지고 무역하였다. 도갈마 족속은 말과 전마와 노새를 가지고 무역하였다. 드단 사람은 상아와 오

**토막상식**

**흑단 세공품**

검은색 윤기가 나는 흑단 재목으로 만든 세공 조각품.

목을 가져 네 물품을 무역하였다."

값비싼 사치품인 상아와 함께 등장하는 오목 역시 귀한 사치품 수입 목재였다. 이 구절에서 예언자 에스겔은 흰색 상아를 흑단 안쪽에 끼워 넣으면, 훌륭한 대조를 이루는 장식품이 된다는 것을 암시해주고 있다.

고대에는 아시아 상인이나 아프리카 상인들이 인도나 스리랑카에서 흑단을 수입하여, 페니키아인 · 바빌론인 · 이집트인들과 무역하였다. 고대 신화에 의하면 지하의 제왕 플루토Pluto의 왕좌는 흑단으로 만든 것이었다고 한다. 또, 델포이에 있는 아폴론과 많은 이집트 신과 여신, 특히 밤과 암흑, 슬픔의 신상 혹은 여신상은 흑단으로 조각했다고 한다.

**토막상식**

**흑단 재목**

흑단 재목은 치밀하여 잘 다듬으면 윤기가 나기 때문에, 옛날부터 자단(紫檀)과 더불어 귀중한 조각재로 사용되었다.

# PART 03:

# 교 목

# 돌무화과나무

돌무화과나무는 아프리카 남서부 우림지역을 제외한 사하라 사막 남쪽과 남회귀선 북부에 분포하며, 이스라엘과 이집트에는 귀화종으로 자생한다. 나무의 높이는 10~15m 정도이며, 수간의 둘레는 7m 혹은 그 이상 되는 것도 있다. 또, 생육이 매우 왕성하고 수관이 넓게 퍼지며, 큰 것은 수관지름이 40m나 되는 것도 있다.

잎은 상록이고 타원형 또는 하트형이며, 가장자리는 밋밋하다. 앞면은 매끄러우며, 뒷면에는 털이 있다. 꽃은 무화과처럼 꽃턱(花托) 속에 들어있어서 보이지 않는 은두꽃차례(隱頭花序)이다. 무화과와 비슷하지만, 그 보다 작은 열매가 어린 가지뿐 아니라, 묵은 가지에도 많이 달린다. 심지어 굵은 줄기에 달리기도 하며, 일 년에 여러 번 열매를 맺는다.

딱딱하고 단맛이 적어서 무화과보다 못하다는 뜻에서 돌무화과라는 이름을 붙인 것으로 보인다. 가축의 사료로 많이 사용되었지만, 단맛이 있어서 고대의 가난한 이집트인이나 유다인들의 식량이 되기도 했다. 지금도 이집트의 카이로 길가에는 행상들이 돌무화과 열매를 팔고 있다고 한다.

돌무화과나무는 이집트가 원산지이기 때문에 '이집트무화과'라고도 부른다. 이집트에서는 이 나무를 신성한 나무로 여겼으며, 멤피스인들이 섬기던 하토르 여신의 표상이었으며, 18~19왕조 시대에는 하늘의 여신 누트(Nut)의 상징이기도 하였다.

돌무화과나무는 히브리어로는 시크밈(shikmim) 또는 시크모스(shikmoth)이며, 학명은 피쿠스 시코모루스(*Ficus sycomorus*)이다. 영어로는 시카모어 피그(sycamore fig) 또는 피그 멀베리(fig-mulberry)로 불린다.

이 나무가 《개역한글 성경》에서 뽕나무로 잘못 번역이 된 것은 중국어 성경의 상수(桑树)에서 비롯된 것이며, 《공동번역 성서》에는 돌무화과나무로 바르게 나와 있다. 또, 이 나무의 수형이 뽕나무의 수형과 닮았기 때문에 뽕나무와 혼동한 것으로 여겨진다.

▲ 돌무화과나무 (*Ficus sycomorus*)

## 쓰임새가 많은 나무

돌무화과나무는 재질이 유연하고 다공질임에도 불구하고 내구성이 커서, 관을 비롯하여 가구나 문, 상자 등을 만드는데 이용되었다. 방랑을 계속해야 하는 유목민들은 이 나무 그늘에 텐트를 쳤으며, 열매는 이들의 먹을거리가 되기도 했다. 또, 이 나무의 재목으로 만든 미이라 관은 3천 년 이상이 지난 지금도 양호한 상태로 발견되었다고 한다.

> 게델 사람 바알하난은 평야의 감람나무와 뽕나무를 맡았고 요아스는 기름 곳간을 맡았고 _역대기상 27;28

고대 유다인에게 이 나무의 가치는 대단히 컸으며, 다윗왕은 올리브와 함께 현장 관리인을 임명하여 이 나무를 관리할 정도로 귀하게 여겼다.

> 저희 포도나무를 우박으로, 저희 뽕나무를 서리로 죽이셨으며 _시편 78;47

**토막상식**

**돌무화과나무 열매**

무화과보다 작은 열매를 어린 가지뿐 아니라, 묵은 가지나 굵은 줄기에도 맺는다.

돌무화과나무는 상록수이고, 시기는 일정하지 않지만 일 년에 여러 번 열매를 맺는다. 따라서 가난한 사람들에게는 늘 먹을거리를 제공해주는 귀중한 나무였다. 이집트의 돌무화과가 서리로 전멸한 사건은 이집트에서 가장 심각한 재해 중 하나로 기술되어 있다.

## 돌무화과나무를 배양하는 아모스

> 아모스가 아마샤에게 대답하여 가로되 나는 선지자가 아니며 선지자의 아들도 아니요 나는 목자요 뽕나무를 배양하는 자로서 _아모스서 7:14

선지자 아모스는 남유다 왕국의 수도 예루살렘으로부터 남동쪽으로 약 18km 떨어진 조그만 시골마을 드고아 출신이었다. 그가 북이스라엘 최고의 성소인 벧엘에 가서 선지자 노릇을 하자, 그곳의 제사장 아마샤는 아모스를 여로보암 왕에게 고발한다. 그는 아모스가 이스라엘에 와서 반란을 일으키려 하며, 거짓 예언으로 나라를 망치려 한다고 모함하였다. 또 여로보

**토막상식**

**돌무화과나무 지폐**

실존하는 돌무화과나무로 도안한 에리트레아(Eritrea) 지폐

암 왕을 칼로 죽이려 하며, 장차 이스라엘 백성들은 포로가 되어 이 땅을 떠나게 될 것이라고 말하며 다닌다고 하였다. 그리고 아모스가 유다 사람이므로 벧엘에서 예언하지 말고, 유다에 가서 예언하고 거기에서 밥을 빌어먹으라고 하였다.

이에 대해 아모스는 자신은 선지자가 아니며, 돌무화과나무를 배양하는 일개 농부에 지나지 않는다고 항변한다. 여기에 나오는 돌무화과나무를 '배양'한다는 말은 '재배'한다는 표현으로 나오기도 하는데, 이 나무에 맛있는 열매가 열리도록 특정한 작업을 해주는 것을 말한다.

유월절 즈음에 열매를 맺는 무화과나무와는 달리, 돌무화과나무는 한여름에 무화과보다 작은 열매를 수없이 많이 맺는다. 이것을 그대로 두면 떫고 맛이 없어서 먹을 수 없다. 그래서 사람이 나무 위에 올라가 열매 하나하나에 바늘로 구멍을 뚫고 그 자리에 올리브기름을 발라주면 무화과처럼 단맛이 나는 열매가 열린다. 그러나 요즘은 이런 작업을 하지 않아도 맛있는 열매를 맺는 품종이 개발되어 있어 쉽게 재배할 수 있다.

**토막상식**

**삭개오의 돌무화과나무** © Tango7174
부자요 세리장인 삭개오가 예수님을 보기 위해 올라간 돌무화과나무로 현재 여리고에 있다. 수령이 2천 년이고, 높이가 20m나 된다.

## 삭개오의 뽕나무는 돌무화과나무

> 삭개오라 이름하는 자가 있으니 세리장이요 또한 부자라
> 저가 예수께서 어떠한 사람인가 하여 보고자 하되 키가 작고 사람이 많아 할 수 없어
> 앞으로 달려가 보기 위하여 뽕나무에 올라가니 이는 예수께서 그리로 지나가시게 됨이러라
> _누가복음 19;2-4

여리고에는 삭개오라는 권세가 등등하고 돈이 많은 세리장이 살고 있었다. 그는 그동안 소문으로만 듣던 예수님이 여리고를 지나간다는 소식을 들었다. 예수님은 가는 곳마다 기적을 일으켰으므로, 그분을 보기 위해 사람들이 구름처럼 몰려들었다.

삭개오도 그 무리 중에 끼여서 꼭 한번 예수님을 보고 싶었지만, 키가 작아서 뒤에서 기웃거리고 있었다. 그러던 중에 조금 떨어진 곳에 있는 큰 나

▲ 〈예수님과 삭개오〉 닐스 라센 스테운스

무를 발견하고 그곳으로 올라갔다.

이 나무가 바로 돌무화과나무다. 나무의 수관이 넓게 퍼져서 길가에 녹음수로 흔하게 식재되어 있던 나무였다. 마디 사이가 짧고, 지면 가까이에서 비틀려 옹이투성이인 가지로 갈라지며, 측지는 바깥쪽을 향하여 거의 모든 방향으로 퍼져나간다. 따라서 키가 작은 삭개오가 나무에 올라가기에는 안성맞춤이었을 것이다.

지금도 여리고성 부근의 삼거리에는 '삭개오 나무'로 불리는 높이가 20m나 되는 큰 돌무화과나무가 있다. 주위를 울타리로 둘러 보호하고 있으며, 그 앞에는 '삭개오가 올라갔던 이천 년 된 나무'라는 안내판이 붙어 있다.

▲ 영화를 자랑하는 솔로몬왕은 예루살렘에서 은을 돌처럼, 백향목을 돌무화과처럼 대량으로 공급하였다.
〈**신성자연학(神聖自然學)**〉 요한 야코프 슈이처(1728)

나미 부부의
성경 속 나무 스토리텔링
02

# 버드나무

버드나무류는 북반구의 한대에서 아열대 지역에 걸쳐 널리 분포하는 버드나무과 수목의 총칭이며, 좁은 의미에서는 버드나무속(屬)의 나무를 가리킨다. 세계적으로 약 300종이 있으며, 해안 평야 · 계곡부 · 하천 유역 · 샘터 등 대부분 수분이 많은 지역에 자란다.

버드나무과에는 버드나무속(*Salix*)과 사시나무속(*Populus*)이 있는데, 사시나무속은 보통 포플러라고 하여 버드나무와 구별한다. 버드나무의 속명 살릭스(*Salix*)는 켈트어 sal(가까이)과 lis(물)의 합성어로 '물가에서 잘 자라는'이라는 뜻에서 유래한 것이다. 또는 라틴어 salire(도약하다)가 어원으로, '생장이 빠르다'라는 의미에서 유래한 것이라는 설도 있다. 영어 이름 윌로우(willow)는 고대 영어인 앵글로색슨어로 '낭창낭창한'이라는 의미의 wilig에서 온 것이다.

중국에서는 버드나무는 유(柳), 포플러는 양(楊)으로 표기하며, 때에 따라서는 합쳐서 양류(楊柳)라고 한다. 일본에서는 유(柳)와 양(楊)을 모두 야나기(ヤナギ, 柳)라고 하는데, 이 두 종은 자연교배가 쉽게 일어나기 때문에 구별하기가 까다롭다. 일반적으로 가지가 하늘을 향하여 뻗어있으면 포플라(楊), 가지가 아래로 처져있으면 수양버들로 대표되는 버드나무(柳)라고 생각하면 된다.

우리나라에 자라는 버드나무라 불리는 나무는 50여 종이 넘으며, 성지에도 21종이 있다. 성경에는 축복을 상징하는 시냇가의 버드나무, 갯버들의 한 종류인 시내버들, 바빌론 강가의 수양버들 등이 나온다.

버드나무는 키가 15~20m까지 자라고 암수나무가 따로 있으며, 성장이 빠르고 추운 겨울에도 잘 적응하는 나무다. 잎은 갸름하고 뾰족한 피침형이며, 이른 봄에 연한 노랑색 꽃을 피운다.

갯버들은 강가나 습지에서 자라며, 가지에 붉은 빛이 돌고 잎의 톱니는 얕고 잘다. 수양버들은 가지가 아래로 늘어지는 것이 특징이며, 작은 가지는 적자색을 띤다. 잎은 좁은 바소꼴이며, 가장자리가 밋밋하거나 혹은 작은 톱니가 있다.

▲ 흰버드나무(*Salix alba*)

## 초막절과 버드나무

첫날에는 너희가 아름다운 나무 실과와 종려 가지와 무성한 가지와 시내 버들을 취하여 너희 하나님 여호와 앞에서 칠일 동안 즐거워할 것이라

_레위기 23:40

초막절은 이스라엘 백성이 출애굽 당시 40년을 광야에서 생활하는 동안 지켜 주신 하나님의 은혜를 기념하기 위한 절기로, 유월절 및 오순절과 함께 이스라엘의 3대 절기 중 하나이다.

이 초막절에 하나님께 드리는 4가지 식물, 즉 에트로그 레몬과 비슷한 과일,

▲ 〈초막절〉 찰스 포스터

룰라브 대추야자나무 가지, 하다스 미르투스 가지, 아라바 버드나무 가지를 준비한다. 이들은 각각 아브라함, 이삭, 야곱, 요셉을 의미한다. 또는 향기를 갖고 열매를 맺는 자, 열매는 있으나 향기는 없는 자, 향기는 있으나 열매는 없는 자, 향기도 없고 열매도 없는 자 등 네 종류의 사람으로 해석하기도 한다.

또 초막절 행사 첫날에, 이스라엘 백성들은 시내버들 가지를 흔들었다. 물을 좋아하는 버드나무의 속성으로 인해, 버드나무 가지는 꺾자마자 곧바로 시들어버린다. 따라서 이 나무에게 절대적으로 필요한 것은 물이다. 물이 없어 죽어가는 버드나무처럼 하느님의 은혜가 없으면 죽을 수밖에 없는 이스라엘을 구원해달라고 기도하는 것이다. 여기에 나오는 시내버들은 갯버들의 한 종류이다.

## 물가에서 잘 자라는 나무

또 그 땅의 종자를 취하여 옥토에 심되 수양버들 가지처럼 큰 물 가에 심더니

_에스겔서 17:5

그들이 풀 가운데서 솟아나기를 시냇가의 버들 같이 할 것이라

_이사야서 44:4

연 그늘이 덮으며 시내 버들이 둘렀구나 _욥기 40:22

일반적으로 나무는 뿌리로도 숨을 쉬기 때문에, 물속이나 진흙펄과 같은 곳에서는 공기가 부족해서 잘 견디지 못한다. 하지만 버드나무는 예외다. 버드나무는 예로부터 강가 · 연못가 · 우물가 · 포구 등 물가에 많이 심었으며, 물을 좋아하는 나무라 하여 수향목水鄕木이라는 별명도 가지고 있다.

성경 속에 나오는 버드나무도 거의 대부분 물가에 심겨져 있다. 요르단강의 본류나 지류를 따라 무성하였으므로, 모압의 땅에 대해 말할 때는 버들의 시내강라고 이름 붙일 정도였다.

> 저는 시냇가에 심은 나무가 시절을 좇아 과실을 맺으며 그 잎사귀가 마르지 아니함 같으니 그 행사가 다 형통하리로다 _시편 1:3
>
> 대저 내가 갈한 자에게 물을 주며 마른 땅에 시내가 흐르게 하며 나의 신을 네 자손에게, 나의 복을 네 후손에게 내리리니
> 그들이 풀 가운데서 솟아나기를 시냇가의 버들 같이 할 것이라
> _이사야서 44:3-4

〈시편〉에 나오는 시냇가에 심은 버드나무는 복이 있는 의인과 같아서 잎사귀가 시들지 아니하고, 제철 따라 열매 맺는다고 하였다. 또, 버드나무의 강인한 생명력과 번식력은 국가의 번영, 그리고 후손들의 복을 상징하기도 한다. 그래서 이스라엘 백성들은 기도할 때, 버드나무 가지를 쥐었는데, 이는 비와 풍요와 생명에 대한 기원을 나타낸다.

## 바빌론 강가의 버드나무

> 우리가 바빌론의 여러 강변 거기 앉아서 시온을 기억하며 울었도다
> 그 중의 버드나무에 우리가 우리의 수금을 걸었나니
> 이는 우리를 사로잡은 자가 거기서 우리에게 노래를 청하며 우리를 황폐케 한 자가 기쁨을 청하고 자기들을 위하여 시온 노래 중 하나를 노래하라 함이로다 _시편 137:1-3

기원전 586년에 유다 왕국이 멸망하고, 유다인들은 바빌론에 포로로 잡혀 가서 70년간 유배생활을 하게 된다.

바빌론 사람들은 유다인들을 자신들의 흥을 돋우는데 동원하였다. 특히 레위인들에게는 예루살렘 성전에서 쓰던 수금竪琴, 오늘날 하프에 해당하는 악기을 연주하게 하였다. 이런 비참한 상황에서 유다인들은 버드나무에 수금을 걸어 놓고 깊은 비애에 잠겨, 유다민족의 신앙중심지인 시온을 생각

하며 예루살렘을 향하여 울었다. 버드나무에 수금을 걸었다는 것은 그들을 사로잡은 자들이 기쁨을 청하며 노래하라 한 것에 대해, 그들을 기쁘게 할 수 없다며 여호와의 노래를 부르지 않겠다는 의지를 나타낸 것이다. 죠셉 게이어Joseph Gaer는 《이스라엘 설화집》에서 그 상황을 이렇게 설명하고 있다.

"예루살렘 성은 폐허가 되고 거룩한 성전은 재가 되고 말았다. 그런데 어떻게 우리가 파괴자 느부갓네살 왕을 즐겁게 해주기 위해서 성전의 악기들을 연주할 수 있단 말인가? 그런 짓을 하느니 차라리 죽는 것이 낫겠다!"

이 구절에 나오는 버드나무는 수양버들*Salix babylonica*을 가리킨다. 수양버들의 종소명 바빌로니카*babylonica*는 '바빌론의'라는 뜻인데, 여기에서

▲ 〈바빌론 강가에서 울었네〉 프랑수아 조제프 나베

유래된 이름이다. 그러나 여기에 나오는 버드나무가 유프라테스 포플러 *Populus euphratica*라고 주장하는 학자도 있다. 그들은 버드나무가 주로 북쪽의 담수가 흐르는 곳에서 잘 자라는데 비해, 유프라테스 포플러는 남쪽의 염분이 있는 유프라테스강 유역에서 잘 자라며, 땅 속의 염분농도가 높은 곳에서도 잘 견딘다는 이유를 들고 있다.

또, 이 나무의 잎은 바람에 잘 흔들리기 때문에 여러 가지 전설이 전해진다. 이 나무로 예수님의 십자가를 만들었는데, 못을 박을 때 놀라 떨기 시작해서 지금까지 떨고 있다는 것이다.

## 그리스 신화 속의 신성한 나무

버드나무는 그리스 신화에서 풍요의 여신 데메테르Demeter와 그의 딸인 죽음의 여왕 페르세포네Persephone에게 봉헌된 나무다. 버드나무는 가지를 잘라도 바로 새순이 나오고 삽목에 의해 빠르게 증식하는 강한 생명력을 가지고 있다. 하지만 나무의 속심이 연해서 오래되면 썩어서 서서히 넘어가는 버드나무의 이면성 때문에 부모자식의 나무라고도 한다.

켈트인에게 버드나무는 생사를 담당하는 신목神木이었다. 영국의 사회인류학자 조지 프레이저George Frazer의 ≪황금가지The Golden Bough≫에 의하면, 버드나무는 겨우살이와 함께 중요한 나무로 여겨졌다고 한다. 곡물의 풍작을 기원하는 하지 제사에는, 버드나무로 엮은 거인을 만들고 그 속에 사람이나 동물을 희생물로 넣어 불태웠다고 한다. 사람 대신에 고양이와 같은 동물을 희생물로 불태우던 시대도 있었다. 지금도 유럽의 축제에서는 버드나무로 엮은 거인을 끌고 돌아다니다가 마지막에 불태우는데, 이때 타고 남은 것을 가지고 있으면 행운이 찾아온다고 믿는다.

데메테르
그리스 신화에 나오는 대지의 여신으로 대지에서 자라는 곡물, 특히 밀의 생장과 땅의 생산력을 관장하였다.

03

성경 속 나무 스토리텔링

# 검뽕나무

뽕나무는 세계적으로 북반구의 온대 및 난대 지역에 12종이 분포한다. 검뽕나무는 히브리어로 메스칸(meskan)이라 하는데, 이는 돌무화과나무의 히브리어 샤캄(sycamine)에서 유래한 것이다. 학명은 모루스 니그라(*Morus nigra*)인데, 속명(*Morus*)은 켈트어 mor(검다)에서 온 것으로 열매가 검은 멀베리(mulberry)의 옛 라틴어 이름이며, 종소명(nigra)은 '검은'이라는 뜻이다. 영어 이름은 블랙 멀베리(black mulberry)이고, 우리나라 이름은 검뽕나무다.

검뽕나무는 페르시아 북부와 카스피해 연안이 원산지이며, 맛있는 열매를 얻기 위해 성지에 도입되었으며 지금도 널리 재배되고 있다. 뽕나무과 소속의 낙엽활엽수로 키는 8~12m 정도 자란다. 나무줄기가 튼튼하며, 수관이 무성하게 자라므로 아름다운 풍치와 좋은 그늘을 만들어 준다.

잎은 뽕나무 잎과 같이 하트 모양이고 잎가장자리가 갈라진 것도 있지만, 갈라지지 않은 것도 있다. 꽃은 연한 녹색이고 꽃자루가 거의 없으며, 작은 이삭 형태로 핀다. 산딸기 모양의 열매는 크기가 3cm 정도이며, 덜 익었을 때는 빨강색이나 익으면 검은 자주색으로 변한다. 열매에는 즙이 많으며, 달고 새콤한 맛이 난다.

검뽕나무는 수명이 긴 나무로 이름이 나있다. 선지자 이사야가 찢겨져서 순교한 예루살렘에서 가까운 힌놈 계곡 입구에 있는 오벨(Ophel) 언덕 위에는 오래된 검뽕나무가 있다.

이에 대해, 학명이 모루스 알바(*Morus alba*)이고 주로 양잠용으로 활용되며, 영어 이름이 화이트 멀베리(white mulberry)인 '뽕나무'가 있다. 이 나무는 한국 · 중국 · 인도 등이 원산지이며, 기원전 4,000년경부터 중국에서 양잠용으로 재배되었다.

현재 팔레스타인과 시리아, 레바논 등지에서 양잠용으로 널리 재배되고 있으며, 종래의 양잠용으로 사용되던 검뽕나무의 품질이 좋지 않아서, 그것에 대신할 목적으로 근래에 도입한 것이다.

뽕나무 열매는 오디라 하며, 먹을 수 있다. 한의학에서는 뽕나무의 뿌리껍질을 상백근피(桑白根皮), 잎을 상엽(桑葉), 어린 가지를 상지(桑枝), 열매를 상심자(桑椹子)라고 하며 모두 약재로 사용한다.

▲ 검뽕나무(*Morus nigra*)

## 뽕나무의 비유

주께서 가라사대 너희에게 겨자씨 한알만한 믿음이 있었더면 이 뽕나무더러 뿌리가 뽑혀 바다에 심기우라 하였을 것이요 그것이 너희에게 순종하였으리라 _누가복음 17:6

예수님은 제자들에게 죄악의 유혹이 없을 수는 없지만, 남에게 죄를 짓지 말라고 하였다. 그리고 "네 형제가 잘못을 저지르거든 꾸짖고, 뉘우치거든 용서해 주어라. 그가 너에게 하루 일곱 번이나 잘못을 저지른다 해도 그 때마다 너에게 와서 잘못했다고 하면 용서해 주어야 한다."라고 하였다.

그리고 사도들이 "저희에게 믿음이 필요합니다. 어떻게 하면 더 큰 믿음을 가질 수 있는지 말씀해주십시오."라고 묻자 믿음의 힘을 강조하면서, 누구나 겨자씨만한 아주 작은 믿음만 가지고 있다면 뽕나무를 옮겨 바다에 심을 수 있다고 하였다. 아주 작은 겨자씨와 거대한 뽕나무를 대비시켜 설명한 것이다. 이 구절은 믿음의 중요성을 강조할 때 자주 인용되는 구절이다.

## 명주는 바빌론과의 교역품

수 놓은 옷을 입히고 물돼지 가죽신을 신기고 가는 베로 띠우고 명주로 덧입히고 _에스겔서 16:10

이와 같이 네가 금, 은으로 장식하고 가는 베와 명주와 수 놓은 것을 입으며 또 고운 밀가루와 꿀과 기름을 먹음으로 극히 곱고 형통하여 왕후의 지위에 나아갔느니라 _에스겔서 16:13

성경에 명주silk가 처음 등장한 것은 기원전 594년인 에스겔 시대로, 솔로몬왕 사후 420년이 지나서다. 그러나 솔로몬왕도 명주를 알고 있었다고 주장하는 학자도 있지만, 일반적으로는 바빌론에 포로로 잡혀가서 명주를 알게 된 것으로 보고 있다. 고대 그리스의 작가들도 명주비단는 기원전 325년경 페르시아에서 도입된 것으로 보고 있다.

뽕나무가 언제부터 양잠용으로 팔레스타인과 레바논에서 재배되기 시작하였는지를 보여주는 증거는 없지만, 현재 명주는 이 지역, 특히 헤르몬산과 레바논산 중턱 경사지 및 기타 북부 지방의 주요 산물 중 하나이다. 뽕나무가 중국에서 양잠용으로 재배된 것은 기원전 4천 년까지 거슬러 올라가지만, 성지에 양잠용으로 도입된 것은 비교적 최근의 일이다.

> 그 상품은 금과 은과 보석과 진주와 세마포와 자주 옷감과 비단과 붉은 옷감이요 각종 향목과 각종 상아 기명이요 값진 나무와 진유와 철과 옥석으로 만든 각종 기명이요
> _요한계시록 18;12

《신약성경》에 기록된 유일한 명주는 〈요한계시록〉에서 볼 수 있다. 이 내용은 바빌론과 거래를 하던 상인들이 바빌론의 멸망으로 인하여, 이때까지 거래하던 교역품을 사줄 사람이 없음을 애통해 하는 대목이다. 명주가 값비싸고 귀하고 사치스러운 교역품 중에 들어있다. 이외에도 금 · 은 · 보석 · 진주 · 세마포 · 자주 옷감 · 붉은 옷감 · 향목 · 상아 기명 · 값진 나무 · 진유 · 철 · 옥돌로 만든 기명 · 계피 · 향료 · 향 · 향유 · 포도주 · 올리브유 · 고운 밀가루 · 밀 · 소 · 양 · 말 · 수레 · 노예 등이 교역품에 포함되어 있다.

## 오디의 붉은 즙은 코끼리 흥분제

> 그 짐승들을 전열에 나누어 배치하였다. 그들은 코끼리마다, 쇠사슬 갑옷으로 무장하고 머리에는 청동 투구를 쓴 보병 천 명을 배열시켰으며, 또 코끼리마다 정예 기병 오백 명도 배치하였다.
> 코끼리가 있는 곳에는 어디나 기병들이 먼저 가 있었고, 코끼리가 이동하면 함께 이동하여 코끼리를 떠나는 일이 없었다.

코끼리 등에는 단단한 나무 탑을 얹어 덮고, 그것들을 특별한 기구로 고정시켰다. 나무 탑에는 전투를 벌이는 군대의 병사 네 명과 인도 사람 하나가 타고 있었다. _마카베오상 6;35-37

안티오코스 4세 에피파네스는 시리아 왕국의 셀레우코스 왕조를 이끈 왕이었다. 그는 그리스 문화와 제도를 장려한 왕으로 유명하며, 유대교를 억압한 결과 마카비 전쟁을 야기하였다. 그가 죽자 안티오코스 5세 에우파토르는 아홉 살에 아버지의 뒤를 이어 왕위를 계승한다. 그는 유다 반란군과 셀레우코스 제국군과의 벳 즈카르야 전투를 치르게 되는데, 이 전투에서 코끼리들이 대단한 활약을 보인다. 〈마카베오상〉 6장에는 이 전투 장면을 실감나게 묘사하였다.

또 코끼리들을 잘 싸우게 하려고 포도즙과 오디 즙을 보여 자극시키고 나서 _마카베오상 6;34

▲ 〈벳 즈카르야 전투〉

그런데 여기에 활용된 코끼리들은 전투의욕을 강화시키기 위해 특별한 조치가 이루어졌다. 그것은 코끼리들을 흥분시키기 위해 포도즙과 오디즙을 보여 주어 자극시킨 후에 전투에 나가게 한 것이다. 투우사가 붉은 천을 흔들면 소가 흥분하여 투우사를 공격하는 것과 원리다. 검뽕나무는 이름에서 알 수 있듯이 열매가 검은색을 띠며, 열매로 짠 열매즙 역시 검붉은 피를 연상시키기 때문에 코끼리를 흥분시켜 적을 공격하기에 좋았던 것이다.

## 피라모스와 티스베

고대 로마의 시인 오비디우스의 ≪변신 이야기Metamorphoses≫는 신화를 서사시 형식으로 집대성한 작품이다. 여기에 왜 뽕이 검붉은 색으로 변했는지에 대한 유래가 나온다.

바빌론에 피라모스Pyramus라는 청년과 티스베Thisbe라는 처녀가 앞뒷집에 살고 있었다. 둘은 서로 사랑했지만 양가의 부모가 반대했기 때문에, 남몰래 사랑을 나누고 있었다. 앞집과 뒷집을 나누는 벽 사이에 갈라진 틈이 있었는데, 두 사람은 그 틈을 통해 목소리만으로 사랑을 나누다가 드디어 성 밖에 있는 샘에서 만나기로 약속했다.

샘 옆에는 하얀 뽕이 주렁주렁 열린 뽕나무가 있었다. 티스베는 아무도 모르게 너울로 얼굴을 가리고, 흰 열매가 가득 열린 뽕나무 아래에서 사랑하는 사람이 오기를 기다리고 있었다. 그때 사냥감을 잡아먹어서 입이 피로 붉게 물든 사자가 목을 축이려고 샘가로 왔다. 놀란 티스베는 얼굴을 가린 너울이 땅에 떨어지는 것도 모르고 급하게 도망쳤다. 샘물을 마신 사자는 이 너울을 발견하고 갈가리 찢어버린 뒤 사라졌다.

얼마 뒤 피라모스가 샘에 도착해서, 피로 물든 찢어진 티스베의 너울을 발견했다. 그는 자신이 늦게 오는 바람에 그녀가 사자에게 먹히게 되었다고 생각하며, 깊이 후회한다. 그리고는 너울에 입을 맞추고, 그녀의 뒤를 따라가기 위해 차고 있던 단검을 뽑아 자신의 옆구리를 찔렀다. 몸에서 칼을 뽑는 순간 피가 사방으로 솟구쳐서, 흰 뽕나무 열매는 순식간에 검붉은 색으로 물들었다.

그때 두려움에 떨며 동굴에 숨어있던 티스베가 돌아와 피라모스를 찾기 시작했다. 그녀는 갑자기 검붉게 변한 뽕나무 열매 아래 쓰러져 있는 사랑하는 연인의 모습을 보고, 달려가서 끌어안고 그의 얼굴에 하염없이 눈물을 떨구었다. 갈가리 찢기고 피가 묻은 자신의 너울을 보고 피라모스가 자살한 것이라 생각하고, 그의 뒤를 따라가기로 결심한다. 그리고 뽕나무에게 그들의 슬픈 죽음에 어울리는 검은 열매를 달아달라고 부탁하고, 단검을 자신

▲ 〈피라모스와 티스베〉 클로드 고테로

의 가슴에 꽂아 숨을 거두고 만다. 그래서 흰색이던 뽕나무 열매가 이후로는 피처럼 붉은색으로 물들게 되었다고 한다.

피라모스와 티스베의 비극적인 사랑이야기를 모티브로 셰익스피어의 ≪로미오와 줄리엣Romeo and Juliet≫이 나왔다고 한다.

로미오와 줄리엣에서 몬터규 가문과 캐플렛 가문이 서로 앙숙으로 나오거나, 수면제를 복용하고 가사상태에 빠진 로미오를 보고 줄리엣도 독약을 마시고 죽는다는 내용이 서로 비슷하다.

**토막상식**

**검뽕나무 열매**

산딸기 모양의 열매는 오디라 불리며, 완전히 익으면 검은 자주색을 띤다.

# 소나무

성경에 나오는 소나무라는 이름의 나무는 알레포소나무로, 학명은 피누스 할레펜시스(*Pinus halepensis*)이다. 히브리어 이름은 에츠 쉬멘(etz shemen)이고, 영어 이름은 알레포소나무(Aleppo pine) 또는 예루살렘파인(Jerusalem pine)이다.

나무 높이는 15~20m 정도 자라고, 수명은 100~150년 정도이다. 가지는 옆으로 넓게 뻗으면서, 밑가지는 수평으로 퍼지고 윗부분은 위로 향한다.

잎은 2장이 한 묶음으로 달리는 이엽송이며, 연녹색이다. 꽃은 암꽃과 수꽃이 한 그루에 피는 암수한그루(雌雄同株)이며, 자주색 암꽃은 윤생하고 수꽃은 암꽃 아래에 송이다발로 핀다. 열매는 구과(毬果)로 적갈색이며, 두세 개씩 모여 달린다.

수피는 적갈색 또는 흑갈색이고, 오래되면 갈라져서 줄 모양의 무늬가 생긴다. 재목은 백향목(레바논삼나무)에 비해 뒤처지지 않을 정도로 우수하다.

알레포소나무는 지중해 지역이 원산지이며, 팔레스타인이나 레바논 등의 건조한 구릉지에서도 많이 볼 수 있다. 이스라엘의 텔아비브에서 예루살렘으로 통하는 국도변에 많이 조림되어 있으며, 건조한 사막기후에 강하고 생장이 빠르기 때문에 남쪽 네게브 지역의 녹화수종으로 권장되고 있다.

성지에서는 흔하게 볼 수 있는 나무이며, 석회질이 풍부한 언덕이나 산에서 잘 자란다. 갈릴래아 지방, 사마리아 지방, 카르멜산, 요르단 계곡 등에서도 쉽게 볼 수 있다.

▲ 알레포소나무(*Pinus halepensis*)

## 이스라엘을 영화롭게 할 나무

> 내가 광야에는 백향목과 싯딤나무와 화석류와 들감람나무를 심고 사막에는 잣나무와 소나무와 황양목을 함께 두리니 _이사야서 41;19
>
> 레바논의 영광 곧 잣나무와 소나무와 황양목이 함께 네게 이르러 내 거룩한 곳을 아름답게 할 것이며 내가 나의 발 둘 곳을 영화롭게 할 것이라 _이사야서 60;13

소나무는 〈이사야서〉에 두 번 나온다. 41장에서 하느님은 이스라엘 백성의 기도에 응답하며, 그들을 버리지 않겠다고 하였다. 메마른 산에서 강물이 터져 나오게 하며, 골짜기 가운데서 샘물이 솟아나게 하며, 광야를 못으로 바꿀 것이며, 마른 땅을 샘의 근원으로 만들겠다고 천명하였다. 그리고 광야에는 백향목과 아카시아와 화석류와 들올리브나무를 심고, 사막에는 잣나무와 소나무와 회양목을 함께 심어 하느님이 그들과 함께 한다는 것을 몸소 보여주겠다고 하였다. 또, 60장에서는 소나무가 성전을 세우고 꾸미는데 사용되어, 이스라엘을 영화롭게 할 것이라고 하였다.

## 기름을 생산하는 나무

> 또 일렀으되 모든 성읍과 예루살렘에 공포하여 이르기를 너희는 산에 가서 감람나무 가지와 들감람나무 가지와 화석류나무 가지와 종려나무 가지와 기타 무성한 나무 가지를 취하여 기록한 바를 따라 초막을 지으라 하라 하였는지라 _느헤미야서 8;15

성경에 기름나무oil tree, 히브리어로 에츠 쉬멘etz shemen이라는 나무가 6번 나온다. 이름으로 봐서는 '기름을 생산하는 나무'라는 뜻이다. 성지에서 기름을 생산하는 나무가 올리브나무였으므로, 이 기름나무가 올리브나무라는 것은 확실하다.

그러나 기름나무를 모두 올리브나무로 번역할 경우, 〈느헤미야서〉 8장 15절을 해석하는데 문제가 생긴다. 같은 구절 안에 이미 감람나무올리브나무가 나오기 때문이다. 그래서 대부분의 성경 번역본들은 이를 들감람나무로 번역하였다.

일부 학자들은 이 들감람나무가 알레포소나무라는 주장을 한다. 알포레소나무가 타르와 테르펜 같은 수지樹脂를 생산한다는 이유에서이다. 우리나라에서도 일제강점기 때 일본이 송탄유를 만들기 위해 소나무에서 송진을 채취했다. 그 외 나머지 5번의 기름나무는 올리브나무가 맞다고 보고 있다.

> 내가 광야에는 백향목과 싯딤나무와 화석류와 들감람나무를 심고 사막에는 잣나무와 소나무와 황양목을 함께 두리니 _이사야서 41;19

〈이사야서〉 41장에는 같은 구절 안에 티드하르tidhar라는 소나무와 올리브나무가 동시에 나오므로 혼란의 여지가 없다.

**토막상식**

**알레포소나무 열매**

솔방울 모양의 열매는 적갈색으로 익으며, 두세 개씩 모여 달린다.

05

나미 부부의 성경 속 나무 스토리텔링

# 플라타너스(신풍나무)

플라타너스는 일명 버즘나무라고도 하며, 버즘나무(*Platanus orientalis*), 양버즘나무(*P. occidentalis*), 단풍버즘나무(*P. acerifolia*) 등의 종류가 있다. 버즘나무라는 이름은 줄기 껍질이 불규칙하게 벗겨지고 떨어져서, 흰색 또는 연노랑색의 속살 같은 매끄러운 새 껍질이 나타나므로, 회청록의 수피에 얼룩이 져서 마치 버즘이 난 것처럼 보이기 때문에 붙여진 이름이다.

이 나무가 《개역한글 성경》에는 신풍나무로 나오는데, 이는 중국어 성경의 풍수(**枫树**)를 그대로 번역한 것으로 보인다. 그러나 《공동번역 성서》에는 플라타너스로 바르게 번역되어 있다. 플라타너스의 히브리어 이름 아르몬(armon)은 '벌거벗다'는 뜻의 히브리어 에롬(erom)에서 유래된 것이다. 북한에서는 가을에 열리는 열매가 방울 같다고 하여 방울나무라 하며, 영어 이름도 이와 비슷한 뜻을 가진 버튼우드(Buttonwood)이다.

플라타너스는 버즘나무과 소속의 낙엽교목으로 높이 25~30m까지 자라며, 수관의 폭이 17m에 달하는 큰 녹음수이다. 잎은 어긋나며, 끝이 5~7갈래로 갈라지는 손바닥꼴(掌狀)이고, 어린 잎에는 솜털이 있다가 자라면서 차츰 없어진다. 꽃은 암수한그루이며, 암꽃은 연두색이고 가지 끝에 달리고, 수꽃은 검붉은 색이고 잎겨드랑이에 달린다. 열매는 많은 수과(瘦果)가 모인 둥근꼴 방울 모양이며, 수과에는 황갈색의 긴 털이 있다.

플라타너스는 레바논 · 시리아 · 팔레스타인 등에서 흔하게 볼 수 있으며, 아고산 지대에까지 넓게 분포하고 평야나 저지대의 하천이나 호수 주변에 많이 생육한다. 특히 요르단강 상류 연안에 많으며, 성경에서는 보통 버드나무, 포플러와 함께 나오는데, 이 식물들은 모두 습기가 많은 저지대에서 잘 자라기 때문이다. 성지에서는 지금보다 성서시대에 훨씬 많이 생육했을 것으로 추측된다.

플라타너스는. 나무가 크고 수관이 넓게 퍼지기 때문에, 여름에 시원한 그늘을 만들어주는 나무로도 이름이 나있다. 따라서 예로부터 페르시아인 · 그리스인 · 로마인들은 이 나무를 녹음수로 즐겨 심었으며, 느릅나무 · 마로니에와 함께 세계 3대 가로수 수종 가운데 하나이다.

▲ 양버즘나무(*P. occidentalis*)

▲ 버즘나무(*P. orientalis*)

## ▷ 양의 수태에 사용된 나무

> 야곱이 버드나무와 살구나무와 신풍나무의 푸른 가지를 취하여 그것들의 껍질을 벗겨 흰 무늬를 내고
> 그 껍질 벗긴 가지를 양떼가 와서 먹는 개천의 물구유에 세워 양떼에 향하게 하매 그 떼가 물을 먹으러 올 때에 새끼를 배니 _창세기 30:37-38

야곱은 외삼촌 라반의 양과 염소를 돌봐주는 대신, 그 품삯으로 라반이 가진 양과 염소 중에서 특수한 것을 가진다는 조건으로 계약을 맺는다. 즉 태어나는 양과 염소 중에서 하얀 것은 라반이 갖고, 점이 있거나 얼룩얼룩한 것은 야곱이 갖기로 한 것이다. 라반은 양을 낳으면 대부분 하얀색이기 때문에, 당연히 야곱의 몫은 적을 것이라고 판단한 것이다.

그래서 야곱은 얼룩무늬를 가진 양을 많이 생산하기 위해 한 가지 꾀를 낸다. 버드나무와 살구나무와 신풍나무플라타너스의 푸른 가지를 가져와 껍

▲ 〈라반의 양떼를 인도하는 야곱〉 조반니 베네데토 카스틸리오네

질을 벗겨 흰 무늬를 내고, 그 가지를 양떼가 와서 물을 먹는 개천의 물구유에 세워두었다. 물을 먹으러 온 양떼들이 이것을 보고 교미하여, 얼룩지고 아롱진 새끼를 낳게 한 것이다.

양떼가 교미할 때, 알록달록한 가지를 봄으로써 그 무늬의 영상이 뇌리에 스며들어 얼룩진 새끼를 배게 하기 위한 것이라고 해석하는 학자도 있다. 특히 암양은 수태 시 자극을 받으면, 그 여파가 새끼에게 전해지는 감응력이 강한 동물이라고 한다.

## 단풍나무는 플라타너스

> 하느님의 동산의 백향목이 능히 그를 가리우지 못하며 잣나무가 그 굵은 가지만 못하며 단풍나무가 그 가는 가지만 못하며 하느님의 동산의 아무 나무도 그 아름다운 모양과 같지 못하였도다 _에스겔서 31:8

하느님이 에스겔에게 파라오의 위대함과 몰락에 대해 이야기하는 대목에 단풍나무가 나온다. 아시리아 사람은 레바논의 백향목과 같이 그늘을 드리우는 가지가 아름답고 키가 컸으며, 그 꼭대기가 구름 속으로 뻗어 있다고 하였다. 하느님의 동산에 있는 어떤 백향목도 그것과 비교가 되지 못하며, 어떤 잣나무도 그와 같은 굵은 가지가 없었고, 어떤 단풍나무도 그에 견줄 만한 잔가지가 없었다고 하였다.

여기에 나오는 단풍나무는 플라타너스를 가리킨다. 《개역한글 성경》에는 단풍나무로 나오는데, 이는 중국어 성경의 풍수枫树, 즉 단풍나무를 그대로 번역한 것으로 보인다. 그러나 《공동번역 성서》에는 플라타너스로 바르게 번역되었다.

# 이태리편백(잣나무)

《구약성경》에 잣나무로 나오는 식물의 학명은 쿠프레수스 셈페르비렌스(*Cupressus sempervirens*)이며, 히브리어 이름은 버로쉬(berosh), 영어 이름은 이태리편백(Italian cypress)이다.

이태리편백은 키가 40~45m 정도 자라는 상록침엽수로, 끝이 좁아진 빗자루를 세워 놓은 듯한 나무 모양을 하고 있다. 가지의 단면이 다소 네모지기 때문에 모가 난 백목이라는 뜻에서 방백목(方柏木)이라 불리기도 한다.

잎은 2~3mm 크기의 비늘 모양으로 짙은 녹색을 띠고 방향이 있으며, 가지 끝까지 촘촘하게 달린다. 암수한그루(雌雄同株)이며, 3~5월에 꽃이 핀다. 열매는 구과(毬果)로 둥글고, 처음에는 황색 또는 녹색을 띠지만 익으면 갈색으로 변한다. 열매 속에는 얇은 날개 같은 씨앗이 4~20개가 들어 있고, 2년이 되면 성숙해져서 갈라진다.

이에 비해, 잣나무(*Pinus koraiensis*)는 한국 · 일본 · 중국 북동부 · 아무르 등 아한대 지역이 원산지인 상록침엽교목으로, 우리나라에서는 주로 열매(잣)를 얻기 위한 목적으로 재배한다. 솔잣나무는 높이가 30m 정도 되며, 종소명을 따라 핀네아소나무 또는 수형이 우산 모양을 닮아서 산송(傘松)이라고도 부른다. 소나무와 같은 나무에서 잣이 달리기 때문에 솔잣나무라 하였다. 잎은 2개가 한 묶음인 이엽송이며, 수피는 회갈색이다. 종자는 날개가 없으며, 실편(實片)과 함께 떨어진다. 많은 종류의 소나무 가운데 씨를 먹을 수 있는 종류는 몇 되지 않는데, 솔잣나무의 씨는 아주 맛이 있어서 고급 견과류로 꼽힌다.

성서의 땅에서 잣이 열리는 나무로는 솔잣나무(*Pinus pinea*)가 있는데, 성경에는 〈이사야서〉 44장 14절에 단 한번, 히브리어 이름 티르자(tirzah)로 나온다.

▲ 이태리편백(*Cupressus sempervirens*)

## 잣나무는 이태리편백

> 내가 광야에는 백향목과 싯딤나무와 화석류와 들감람나무를 심고 사막에는 잣나무와 소나무와 황양목을 함께 두리니
>
> _이사야서 41:19 《개역한글 성경》
>
> 사막에 송백과 아카시아와 소귀나무와 올리브나무를 심고 황무지에 전나무와 느티나무와 회양목을 함께 심으리라
>
> _이사야서 41:19 《공동번역 성서》

〈이사야서〉 41장에 나오는 나무가 《개역한글 성경》에서는 잣나무로, 《공동번역 성서》에서는 전나무로 표현되어 있다. 그러나 실제 이 나무의 이름은 이태리편백이다. 영어 성경에서는 이 나무를 파인pine · 시더cedar · 시더 트리cedar tree 등으로, 일본어 성경에서는 실삼나무イトスギ로 번역되어 있다.

이 나무가 서남아시아와 지중해 연안, 팔레스타인 지방에 자생하는 이태리편백이라는 데는 학자들 사이에도 이견이 없는 듯하다. 사이프러스cypress라고도 불리는데, 이는 이 나무가 많이 나는 키프로스Cyprus라는 섬 이름에서 유래한 것이며, 이곳 사람들은 이 나무를 숭배했다고 한다.

## 노아의 방주를 만든 나무

> 너는 잣나무로 너를 위하여 방주를 짓되 그 안에 간들을 막고 역청으로 그 안팎에 칠하라
>
> _창세기 6:14

하느님이 의인 노아에게 방주를 만들라고 지시하자, 노아는 잣나무로 방주를 만들었다. 방주의 재목이 된 이 잣나무는 히브리어로 거페르gopher라 하며, 영어로는 고퍼 우드gopher wood인데, 버로쉬berosh 즉 이태리편백Italian cypress을 가리킨다.

잣나무는 재질이 굳고 치밀하며, 내후력耐朽力이 뛰어나서 건축재 · 가구재 · 기구재 · 관재 · 선박재 등으로 널리 사용되었다. 특히 페니키아인 · 크레타인 · 그리스인들은 이 나무로 배를 건조했으며, 알렉산더대왕 군선단의 선박도 이 나무로 만들었다.

이에 솔로몬에게 기별하여 가로되 당신의 기별하신 말씀을 내가 듣고 내 백향목 재목과 잣나무 재목에 대하여는 당신의 바라시는대로 할찌라

_열왕기상 5;8

백향목 널판으로 전의 안벽 곧 전 마루에서 천장까지의 벽에 입히고 또 잣나무 널판으로 전 마루를 놓고 _열왕기상 6;15

솔로몬왕이 성전을 지을 때, 이 나무를 건축재와 내부 장식재로 사용하였다. 가장 많이 사용된 백향목에 비해 향이나 빛깔, 내구력 등에서 뒤쳐지지

▲ 〈노아의 방주〉 에드워드 힉스

않으며, 현지에서 생산되는 나무이기 때문에 많이 쓰였을 것으로 짐작된다.

이외에도 고대 이집트인의 미이라 관이나 아테네 영웅들의 관도 이 나무로 만들었다. 또, 가구재나 기구재로도 널리 쓰였으며, 제우스의 신상, 홀笏, 헤라클레스의 지팡이 등도 이 나무로 만들었다 한다.

## 죽음과 영원의 나무

고대 로마의 서정시인 오비디우스의 ≪변신 이야기Metamorphoses≫에 의하면, 태양신 아폴론Apollon이 총애하는 미소년 키파리소스Kyparissos에게는 금빛 뿔을 가진 수사슴이 있었다. 키파리소스는 이 수사슴의 등에 올라타 말처럼 몰고 다니기도 하고, 함께 케오스 섬의 야산을 산책하기도 했다.

어느 날, 사냥 나온 키파리소스가 잘못 던진 창에 수사슴이 맞았다. 고통스럽게 죽어가는 수사슴의 모습을 지켜본 키파리소스는 자신도 따라 죽으려 했다. 아폴론이 아무리 달래보았지만, 영원히 슬퍼하는 존재가 되게 해달라는 그의 마음을 돌릴 수는 없었다. 결국 아폴론은 키파리소스의 기도를 들어주어, 그의 몸이 점차 녹색으로 변하기 시작하더니 마침내 사이프러스로 변하였다.

사이프러스의 시어詩語는 '죽음의 상징'이며, 이 때문에 그리스와 로마에서는 주로 묘지에 많이 심었다고 한다. 또, 이 이야기로부터 미의 여신 아프로디테Aphrodite는 미소년 아도니스Adonis가 죽었을 때, 그의 이마를 사이프러스로 장식했다.

로마에서는 지하세계의 지배자 플루토Pluto에게 봉헌된 나무다. 그리스도교의 전승에 의하면 아담의 사체에서 사이프러스 · 백향목 · 대추야자나무가 나왔는데, 이 나무들이 서로 얽히면서 자라 마치 한 그루의 나무처럼 보였다고 한다. 또 사이프러스와 백향목은 그리스도의 형벌에 사용된 십자가를 만드는 나무가 되었다고 한다. 유럽에서는 이러한 전통을 이어받아 사이프러스를 장의에 이용하거나 묘지에 심는 등, 죽음과 영원의 상징으로 여겼다.

▲ 〈키파리소스〉 야코포 비날리

**토막상식**

**사이프러스 오일**

사이프러스의 잎과 열매에서 추출한 에센셜 오일로, 생리 조절제로 널리 사용된다.

07

나미 부부의 성경 속 나무 스토리텔링

# 대추야자나무(종려나무)

성경에 종려나무 또는 야자나무로 나오는 이 나무의 실제 이름은 대추야자나무다. 학명이 포에닉스 다크티리페라(*Phoenix dactylifera*)이며, 대추와 비슷한 열매가 달리는 야자나무이기 때문에 대추야자나무라고 한다. 히브리어 이름은 타마르(tamar), 그리스어 이름은 포이닉스(phoinix), 영어 이름은 데이트 팜(date palm) 혹은 팜 트리(palm tree)이다.

대추야자나무는 북아프리카가 원산지이며, 이스라엘에서는 기원전 5,000~4,000년 전부터 재배된 과일나무다. 키가 20~30m 정도이고 가지를 치지 않고 곧게 자라며, 줄기 끝에 2~3m 길이의 긴 잎이 뭉쳐 난다. 하나의 작은잎(小葉)은 길이가 20~40cm 정도이며, 좁고 두텁다. 또, 광택이 나는 껍질로 덮여 있어서, 한낮의 뜨거운 햇빛에서도 수분의 증발을 최대한 억제할 수 있다. 큰 잎이 아래로 처지지 않고 위를 향하고 있어서 먼 곳에서도 쉽게 눈에 띈다. 그래서 사람들은 사막에서 멀리 보이는 대추야자나무를 발견하면, 그곳에는 오아시스가 있기 때문에 기뻐했다.

대추야자나무는 암수딴그루(雌雄異株)이며, 싹이 터서 5년쯤 지나야 황백색의 작은 꽃이 피고 많은 열매가 열린다. 봄에 많은 꽃송이가 목질불염포에 싸인 채로 길게 드리워지는데, 꽃이 필 때에는 포엽(苞葉)이 갈라지면서, 수나무의 꽃송이에서 꽃가루가 날아와서 수정되어야 비로소 열매를 맺는다. 따라서 암나무 25~50그루에 수나무 한 그루의 비율로 심어서 자연수분이 되게 하였다. 그러나 바람이나 곤충에 의한 자연수분이 쉽지 않아서, 예부터 사람이 수꽃을 꺾어서 암꽃에 묻혀 꽃가루받이를 시켰다. 이런 증거는 고대 이집트나 바빌론의 조각에서도 발견할 수 있다.

우리나라의 종려나무에는 왜종려와 당종려가 있는데, 성경에서 말하는 종려나무는 왜종려(*Trachycarpus excelsa*)를 가리킨다. 이 나무는 일본 규슈가 원산지이며, 가지가 없고 높이 3~7m 정도 자란다.

대추야자나무와 종려나무의 가장 큰 차이점은 잎에 있다. 대추야자나무는 잎이 새가 날개를 편 듯한 깃꼴잎(羽狀葉)인데 비해, 종려나무는 부챗살을 편 듯한 손꼴잎(掌狀葉)이다. 또, 대추야자나무의 열매는 달고 맛이 있지만, 종려나무의 열매는 작고 단단해서 먹지는 못한다.

▲ 대추야자나무(*Phoenix dactylifera*)

## 종려주일과 대추야자나무

그 이튿날에는 명절에 온 큰 무리가 예수께서 예루살렘으로 오신다 함을 듣고
종려나무 가지를 가지고 맞으러 나가 외치되 호산나 찬송하리로다 주의 이름으로 오시는 이 곧 이스라엘의 왕이시여 하더라 _요한복음 12;12-13

예수님은 자신의 마지막 사명을 감당하기 위해, 베다니아에서 어린 나귀를 타고 예루살렘에 입성하였다. 당시 예루살렘은 유월절을 맞아 상경한 사람들로 북새통을 이루었다. 예수님이 나타나자, 많은 군중들이 길거리로 나와서 자신의 겉옷을 길에 깔고, 종려나무 가지를 꺾어 들고 "호산나, 호산나, 다윗의 자손"이라 외치며 환호하였다. 호산나란 '구하소서' 라는 기

▲ 〈예루살렘 입성〉 피에트로 로렌체티

원이 담긴 히브리어이며, '다윗의 자손'은 메시아의 다른 이름이다. 이날은 예수님의 십자가 죽음을 위해 예루살렘에 입성한 날을 기념하는 절기로 종려주일Palm Sunday이라 한다. 서양의 여러 교회에서는 신자들에게 종려나무 잎을 주어서 이 날을 기념한다.

또, 어떤 교회는 종려주일에 종려나무 가지를 전시한 뒤, 이듬해 바싹 마른 가지를 불태워 '재의 수요일' 행사에서 예배자들의 이마에 재를 바르는 것으로 시작한다.

다른 세 복음서에는 이 가지가 그냥 '나뭇가지'라고 되어 있지만, 〈요한복음〉만은 '종려나무 가지'라고 구체적으로 밝히고 있다. 여기에 나오는 종려나무는 대추야자나무를 가리킨다. 예수님의 예루살렘 입성을 묘사한 그림을 보면, 이 가지가 종려나무의 잎모양인 손꼴잎이 아니라 대추야자나무의 잎모양인 깃꼴잎으로 그려져 있어, 이를 확인할 수 있다.

중세 때는 성지 순례자들이 대추야자나무 잎을 기념으로 가지고 돌아간 것에서, 이들을 팔머palmer 즉 '대추야자를 가진 사람'이라고 불렀다.

> 나는 호도밭에 내려 가 골짜기에 대추야자나무 움이 텄는지, 포도나무 꽃이 피었는지, 석류나무 꽃송이들이 망울졌는지 보려고 기웃거리다가
>
> _아가 6;11 《공동번역 성서》
>
> 본관 안벽에는 전나무판을 대고 순금을 입혔다. 그 위에는 종려나무 가지와 꽃줄 모양도 새겼다. _역대하 3;5 《공동번역 성서》

성경에는 야자나무, 종려나무, 대추야자나무가 혼용되고 있는데, 실제로 이 나무들은 다른 나무가 아니라 동일한 나무다. 《공동번역 성서》에는 대추야자나무와 대추야자 과자가 나온다. 종려나무라고 쓴 것도 대추야자나무 혹은 대추야자 열매를 가리킨다. 또, 여러 곳에 야자나무가 나오는데, 이것 역시 대추야자나무를 가리킨다.

## 대추야자의 쓰임새

대추야자 열매 하나의 길이는 3~4cm 정도이며, 장타원형이고 모양은 대추와 비슷하다. 이것이 송이마다 수백 개가 이삭처럼 달리므로, 한 송이의 무게가 무려 15~25kg이나 된다. 큰 대추야자나무 한 그루에서 일 년에 약 70~90kg의 열매를, 80~100년간 딸 수 있다고 한다.

이 열매는 생으로 먹기도 하지만, 보통은 말려서 양식으로 이용했다. 건조시킨 것은 설탕절임을 한 것처럼 달기 때문에, 그대로 과자가 된다. 대추야자는 고대인들을 먹여 살린 생명의 나무였으며, 사막 여행자에게는 중요한 식량자원이었다. 아라비아 사막의 유목민인 베두인족은 말린 대추야자를 식량으로 사용하였으며, 지금도 대추야자나무를 숭상하고 있다.

대추야자 열매의 씨는 비교적 큰 편이다. 이것을 빻아서 가루로 만들어 며칠 동안 물에 우렸다가 낙타나 소, 양 등의 사료로 이용하는데, 보리보다도 영양가가 높다고 한다. 또 대추야자 종자는 실에 꿰어서 장식품으로 활용하기도 한다.

밀과 보리의 소산지요 포도와 무화과와 석류와 감람들의 나무와 꿀의 소산지라
_신명기 8:8

**토막상식**

**대추야자 꿀** ⓒ Wikimedia
대추야자 열매는 대추처럼 생겼으며, 맛도 대추와 비슷하여 붙여진 이름이다. 달고 연한 대추야자 열매를 농축시켜서 '대추야자 꿀'을 만드는데, 지금도 이스라엘에 가면 맛볼 수 있다.

> 왕의 명령이 내리자 곧 이스라엘 자손이 곡식과 포도주와 기름과 꿀과 밭의 모든 소산의 처음 것을 풍성히 드렸고 또 모든 것의 십일조를 많이 가져왔으며
> _역대기하 31:5

꽃을 둘러싸고 있는 불염포佛焰苞에 구멍을 뚫으면, 시럽같은 액체가 분비되는데, 유다인들은 이것을 모아 음료수로 마셨다고 한다. 고대 바빌로니아에서는 이 액체로 알콜음료를 만들었고 한다. 성경에서 포도주와 구별하여 '강한 음료'라고 하는 것은 이 알콜음료를 가리킨다. 또, 유다인이 '꿀'이라 할 때는 보통 이 음료를 가리킨다. 성경 속에는 꿀벌이라는 단어가 4번 나오지만, 벌꿀이라는 단어는 49번 나온다. 이것은 벌꿀이라는 단어가 오늘날 우리가 사용하고 있는 것과 같은 의미로 쓰인 것은 아니라는 것을 나타내는 것이라고 할 수 있다.

고대 역사가들은 대추야자에서 빵 · 포도주 · 벌꿀을 생산했다고 기록하고 있다. 또, 고대 동양인들은 실제로 대추야자에서 포도주와 벌꿀을 만들었다고 한다. 아랍인들 사이에 "대추야자는 일 년의 날수만큼 용도가 많다."라는 속담이 있는데, 이것은 대추야자의 용도가 그만큼 많다는 것을 나타내는 것이다.

### 토막상식

**사우디아라비아의 국장**

갈린 채로 놓인 두 개의 칼 위에, 초록색 대추야자나무가 올려져 있다. 대추야자나무는 활력과 성장, 인내를 의미하며, 두 개의 칼은 이븐 사우드의 헤자즈와 네지드 두 지역의 통일을 상징한다.

## 여성의 아름다움을 상징하는 나무

네 키는 종려나무 같고 네 유방은 그 열매 송이 같구나 _아가 7:7

압살롬이 아들 셋과 딸 하나를 낳았는데 딸의 이름은 다말이라 얼굴이 아름다운 여자더라 _사무엘하 14:27

대추야자나무는 높이가 20~30m에 달하며, 가지를 치지 않고 곧게 자라서 윗부분에만 잎이 모여 나기 때문에, 사막에서도 이 나무를 쉽게 발견할 수 있다. 또, 곧게 쭉쭉 뻗으면서 자라는 멋진 수형을 가지고 있어서, 아름다운 여성에 비유되기도 한다.

대추야자나무의 히브리어 이름 타마르tamar는 여성의 아름다움을 나타내는데 자주 인용되었다. 이 말은 미인이라는 말로 발전하였으며, 지금도 여성의 이름으로 즐겨 사용되고 있다. 《구약성경》에는 타마르tamar라는 이름의 여성이 세 명 등장하는데, 우리말 성경에는 '다말'로 번역되어 있다. 이들은 유다의 맏아들 에르의 아내, 다윗의 아들 압살롬의 누이와 딸이다. 암논이 압살롬의 누이 다말을 짝사랑한 나머지 상사병이 났다고 할 정도로 절세미인이었다.

다말이라는 이름은 단순하게 아름다움을 나타내는 것뿐 아니라, 다산의 상징이기도 했다. 우리나라에서도 결혼식 때 신부가 자식을 많이 낳으라는 의미로 폐백을 드릴 때 밤과 대추를 던져주는 것처럼, 유다인들도 대추야자

**토막상식**

**대추야자나무 동전**

기원후 70년, 로마제국은 이스라엘을 멸망시키고 이를 기념하기 위해 동전을 만들었다. 여기에 패배한 유다인의 상징으로, 대추야자나무 아래 꿇어 앉아 있는 한 유다 여인의 모습을 새기고 '유다아 캅타(Judaea Capta)-유다를 쳐부수다.' 라고 써넣었다.

나무에 주렁주렁 열리는 열매를 보고 여자아이의 이름을 지었을 것으로 생각된다.

## 신전을 장식한 대추야자나무

솔로몬이 건축한 실제의 신전과 에스겔이 말한 환상의 신전 모두에는 대추야자나무를 조각한 장식이 많았다.

> 그 대전 천장은 잣나무로 만들고 또 정금으로 입히고 그 위에 종려나무와 사슬 형상을 새겼고 _역대기하 3:5
>
> 내외소 사면 벽에는 모두 그룹들과 종려와 핀 꽃 형상을 아로새겼고 _열왕기상 6:29
>
> 감람목으로 만든 그 두 문짝에 그룹과 종려와 핀 꽃을 아로새기고 금으로 입히되 곧 그룹들과 종려에 금으로 입혔더라 _열왕기상 6:32

〈역대기하〉에 보면, 솔로몬이 건축한 신전의 본관 안벽에는 전나무판을 대고 순금을 입혔으며, 그 위에 대추야자 가지와 꽃줄 모양의 장식을 새겼다고 하였다. 〈열왕기상〉에서는 이것을 좀 더 자세하게 표현하여, 벽과 문짝 그리고 버팀대 판과 옆판에도 대추야자나무 모양을 조각했다고 하였다.

> 문지기 방에는 각각 닫힌 창이 있고 문 안 좌우편에 있는 벽 사이에도 창이 있고 그 현관도 그러하고 그 창은 안 좌우편으로 벌여 있으며 각 문 벽 위에는 종려나무를 새겼더라 _에스겔서 40:16
>
> 또 그리로 올라가는 일곱 층계가 있고 그 안에 현관이 있으며 또 이편, 저편 문 벽위에 종려나무를 새겼으며 _에스겔서 40:26

에스겔은 환상의 신전 벽기둥, 창과 현관, 현관 벽기둥 등 곳곳에 대추야자나무 무늬가 부조浮彫 양식으로 조각되어 있다고 하였다. 이 장식이 어떤 상징적인 의미를 가지고 있는가에 대해서는 알 수 없지만, 대추야자나무는 오리엔트 건축 양식의 장식으로 흔하게 사용된 모티브였다. 또, 대추야자나무를 모방한 기둥 양식은 이집트뿐 아니라, 아시리아에서도 많이 사용되었다.

## 대추야자나무와 관련된 전설

그리스도교의 전설적인 성인 크리스토포로스Christophoros의 원래 이름은 레프로부스신이 저버린 사람이란 뜻의 라틴어이고, 시리아에서 태어난 이교도였다.

▲ 〈성 크리스토포로스〉 티치아노

전설에 의하면, 그는 사람들을 어깨에 태워 강을 건네주는 일을 하고 있었다. 어느 날 밤, 한 어린 아이가 그에게 강을 건너게 해달라고 했다. 그는 어린 아이를 어깨에 메고 강으로 들어갔다. 그런데 강을 건너는 동안 어린 아이가 점점 무거워져서, 레프로부스는 온 세상을 짊어지고 있는 듯한 느낌을 받았다. 그는 강 건너편 기슭으로 지팡이를 뻗어 겨우 강을 건널 수 있었다. 그때 어린 아이가 "너는 지금 온 세상을 옮기고 있다. 나는 네가 찾던 왕, 예수 그리스도이다."라며 자신을 드러냈다. 그 순간 뭍에 닿은 지팡이에서 푸른 잎이 돋고, 땅에 뿌리를 내려 대추야자나무가 되었다.

이 일로 인해 그는 크리스토포로스로 이름을 바꾸고 그리스도교인이 되었으며, 크리스토포로스는 '그리스도를 어깨에 지고 간다.'는 뜻이다.

다른 전설에 의하면, 이집트로 도피 중이던 성모 마리아가 대추야자나무에게 어린 예수를 위해 그늘을 만들어 주도록 머리를 숙이라고 명하였으며, 나무가 그렇게 하였다고 한다.

혹은 다른 전설에 의하면, 예수님이 성요셉을 대신하여 성모 마리아가 쉽게 열매를 딸 수 있도록 허리를 구부리라고 대추야자나무에게 명하였다고 한다. 대추야자나무가 기쁘게 이 명령을 따랐으므로, 예수님은 이 나무를

**토막상식**

**대추야자 열매**

장타원형의 열매가 대추와 비슷하여 대추야자라 하며, 한 송이에 수백 개씩 달린다.

축복하고 사자死者를 구출하는 심볼로 선택하였다. 그리고 예루살렘에 입성할 때는 승리의 표시로 대추야자나무를 가지는 것을 약속했다. 또, 예수님이 십자가에 처형된 후, 천사들이 천국의 대추야자나무를 성모 마리아에게 가지고 왔는데, 마리아는 사흘 후 그것을 성요한에게 건냈으며, 그는 그것을 자신의 무덤에 함께 넣어 주기를 원했다고 한다.

▲ 〈이집트로의 도피〉 마르틴 숀가우어

▲ 하느님은 이스라엘 백성들에게 무엇 하나 빠진 것이 없는 땅을 주기로 약속했다. 그것은 보리와 열매가 열리고, 대추야자의 꿀이 흐르고, 철과 구리가 나오는 땅이었다.
〈**신성자연학(神聖自然學)**〉 요한 야코프 슈이처(1728)

# 참나무

참나무는 어느 특정한 수종을 지칭하는 것이 아니라, 참나무목 참나무과 참나무속에 속하는 여러 수종을 통틀어 일컫는 이름이다. 참(眞)나무라는 이름은 나무의 쓰임새가 많기 때문에 붙여진 것이며, 도토리라고 불리는 열매(堅果)를 맺기 때문에 도토리나무라고도 부른다.

참나무 종류는 도토리를 생산하기 때문에, 고대 이스라엘에서도 구황식량 등 여러 가지로 유용하게 쓰였다. 또, 도토리는 삶아서 황갈색 염료로 쓰고, 참나무 껍질에 포함된 탄닌으로는 가죽을 무두질하였다. 참나무 목재는 내구성이 뛰어나기 때문에 건축재나 선박재로 사용되었으며, 도구나 연장을 만드는데도 쓰였다.

목재에서는 좋은 향이 나므로, 위스키나 포도주를 숙성시키는 통의 재료로도 사용되었다. 나무 껍질에 두꺼운 코르크층이 있는 코르크참나무에서는 질 좋은 코르크를 얻을 수 있다. 우리나라에는 코르크참나무가 자라지 않으므로, 굴참나무에서 코르크를 채취한다.

잉글리시참나무(English oak) 혹은 유럽참나무(European oak)를 비롯한 참나무속 나무의 속명은 쿠에르쿠스(*Quercus*)인데, 켈트어 quer(양질의)와 cuez(재목)의 합성어에서 유래된 것으로 라틴어로 '좋은 나무'라는 의미이다. 영어 이름 오크(Oak)는 앵글로색슨어로 가시를 의미하는 ac 혹은 aec가 변한 것이며, 오크의 열매인 도토리(Acorn)도 aec에서 유래한 aecern이 변한 것이다.

참나무류는 세계적으로 아열대에서 한대 지역에 걸쳐, 약 600여 종이 분포한다. 지중해 지역에는 24종이 있으며, 성경에 기록된 참나무는 우리나라에 자라는 참나무와 다르며, 유럽의 참나무와도 차이가 있다. 우리나라의 참나무과 낙엽활엽수인 참나무아속(*Lepidobalanus*)에는 상수리나무 · 굴참나무 · 떡갈나무 · 신갈나무 · 갈참나무 · 졸참나무 등이 있고, 상록활엽수인 가시나무아속(*Cyclobalanopsis*)에는 가시나무 · 종가시나무 · 졸가시나무 · 붉가시나무 등이 있다.

▲ 바로니아참나무(*Quercus aegilops*)

## 성지의 참나무

### ❶ 켈메스참나무(Kermes oak)

성지에서 볼 수 있는 참나무류 중 대표적인 수종으로, 카르멜산 수목의 식생 90%를 차지할 정도로 많이 자란다. 학명은 쿠에르쿠스 초치페라 *Quercus coccifera*이며, 높이 15~20m 혹은 그 이상 자라고 흉고직경이 2m, 수관폭은 30m에 달하는 것도 있다. 시리아 · 레바논 · 팔레스타인 등의 산지에 생육하며, 팔레스타인의 암석이 많은 구릉지를 2~3m 높이의 관목림으로 덮고 있다.

대체적으로 뿌리부분에서 가지가 많이 나오며, 작고 광택이 나는 상록의 잎이 옆으로 무성하게 퍼져서 아름다운 수형을 이룬다. 잎은 타원꼴 달걀형이며, 잎가장자리의 끝은 가시로 되어 있다. 꽃은 지역에 따라 모양이나 색상이 다르다. 꽃자루는 길고 4~6개의 꽃이 모여 피는데, 그 중에서 1~2개

▲ 켈메스참나무(*Quercus coccifera*)

의 꽃에서 도토리가 열린다. 도토리 각두殼斗에는 부드럽고 밀집된 털이 나 있는데, 모두 뾰족뾰족 서있다. 성서시대에 리넨linen이나 울wool을 염색하는데 사용한 붉은색 염료는 켈메스벌레 *Coccus ilicis*라 불리는 곤충에서 추출하였으며, 이 곤충은 흔히 켈메스참나무에 붙는다.

## ❷ 바로니아참나무(Valonian oak)

학명은 쿠에르쿠스 아에길로프스 *Q. aegilops*이며, 시리아와 북부 팔레스타인의 산지 중턱에 많은 낙엽성 참나무다. 높이 5~15m 정도로 자라고, 울창한 숲을 이룬다. 큰 것은 25m까지도 자라고 수관의 둘레가 20m나 되며, 수령은 300~500년 정도로 길다.

특히 바산에는 큰 나무가 많으며, 〈이사야서〉와 〈에스겔서〉에 나오는 '바산의 상수리나무'가 바로 이 나무다. 이 나무의 도토리는 대단히 커서, 그곳 사람들의 양식이 되기도 했다. 또, 가시가 달린 도토리의 각두는 가죽을 무두질하는데 사용되었다. 이외에도 탄닌은 염료와 잉크 제조에 널리 사용되었다.

> 바산 상수리나무로 네 노를 만들었었음이여 깃딤섬 황양목에 상아로 꾸며 갑판을 만들었도다 _에스겔서 27;6
>
> 리브가의 유모 드보라가 죽으매 그를 벧엘 아래 상수리나무 밑에 장사하고 그 나무 이름을 알론바굿이라 불렀더라 _창세기 35;8

이 참나무는 길레아드나 바산에서 흔하게 보이는 참나무 종류이다. 이 나무로 배의 노를 만들고, 우상숭배자들은 상像을 만들기도 했다. 또, 이 나무 아래에서 희생물을 봉헌했으며, 사자를 이 나무 아래에 묻을 정도로 영험한 나무로 생각했다.

### ❸ 몰식자참나무(Gall oak)

학명은 쿠에르쿠스 루시타니카*Q. lusitanica*이며, 높이가 5m 정도 자라는 낙엽성 참나무로 켈메스참나무나 바로니아참나무보다 흔하게 보이지는 않는다.

작은 곤충이 이 나무의 잎이나 가지를 물면 충영蟲癭이 생기는데, 이것을 몰식자沒食子, gall라 하며, 이것 때문에 귀한 대접을 받는다. 이 충영은 참나

▲ 몰식자참나무(*Quercus lusitanica*)

무의 사과oak apple라고도 하며, 가죽을 무두질하는데 사용되었으며, 염료나 잉크를 만드는 원료가 되기도 했다. 또, 이 나무는 커다란 도토리를 맺는데, 현지인들은 이것을 식용한다.

### ❹ 테레빈나무(Palestine terebinth)

테레빈나무와 참나무는 《구약성경》에 '거룩한 나무'로 자주 등장하는데, 혼동되어 사용되는 경우가 많다. 그러나 참나무는 참나무과 소속이고, 테레빈나무는 옻나무과 소속으로 엄연히 다른 나무다.

테레빈나무는 학명이 피스타치오 파라에스티나*Pistacia palaestina*이다. 히브리어 이름 엘아elah 혹은 알라allah는 모두 신神을 뜻하는 엘el에서 유래한 것으로, 이 나무가 신성한 나무임을 나타낸다.

지중해 연안을 비롯하여, 시리아 · 레바논 · 팔레스타인 · 아라비아 등에 널리 분포하며, 높이가 10~13m 정도 자라서 여름에는 좋은 그늘을 만들어 준다.

붉은빛을 띤 녹색 잎은 5~7쌍의 작은잎이 붙는 깃꼴겹잎羽狀複葉이며, 향기로운 꽃은 잎겨드랑이에서 원추꽃차례로 핀다. 열매는 공 모양의 장과가 포도송이처럼 열리는데, 탄닌을 추출하여 가죽을 무두질하는데 사용한다.

> 그 중에 십분의 일이 오히려 남아 있을찌라도 이것도 삼키운 바 될 것이나 밤나무, 상수리나무가 베임을 당하여도 그 그루터기는 남아 있는 것 같이 거룩한 씨가 이 땅의 그루터기니라 _이사야서 6;13

〈이사야서〉 6장에 밤나무와 상수리나무가 나오는데, 여기의 밤나무는 테레빈나무를, 상수리나무는 참나무를 뜻한다. 웃시야왕이 죽던 해에, 선지자 이사야는 하느님으로부터 혼미하게 하는 영을 보내리라는 말을 듣고, 그 때가 언제인지를 묻는다. 하느님은 유다가 완전히 황폐해질 때까지라고 하며, 테레빈나무와 참나무의 '그루터기의 희망'를 말하였다.

화려하게 단풍이 물든 후에 앙상한 가지만 남게 되는 테레빈나무는 멸망하는 유다를 의미한다. 그리고 낙엽이 지지 않고 오랫동안 붙어 있다가 새순이 새잎과 함께 나오는 참나무는 새로운 희망을 상징적으로 알려주는 것이다.

> 압살롬이 다윗의 신복과 마주치니라 압살롬이 노새를 탔는데 그 노새가 큰 상수리나무 번성한 가지 아래로 지날 때에 압살롬의 머리털이 그 상수리나무에 걸리매 저가 공중에 달리고 그 탔던 노새는 그 아래로 빠져나간지라
>
> _사무엘하 18:9

〈사무엘하〉에서 다윗왕의 셋째 아들 압살롬은 헤브론에서 즉위하여 아버지 다윗의 왕권에 도전한다. 그러나 에브라임 수풀에서 다윗의 군사들에게 패하여 노새를 타고 도망치다가, 큰 상수리나무의 무성한 가지에 긴 머리카락이 걸려서 공중에 매달리게 되었다.

노새가 달아나버려서 압살롬이 당황해 하고 있을 때, 다윗의 부장 요압이 그를 창으로 찔러 죽인다. 여기에 나오는 상수리나무도 테레빈나무를 가리킨다.

> 때에 사울과 그들과 이스라엘 모든 사람이 엘라 골짜기에서 블레셋 사람과 싸우는 중이더라
>
> _사무엘상 17:19

소년 다윗이 골리앗을 돌로 쳐 이긴 엘라elah 골짜기도 테레빈나무가 무성한 골짜기였다.

▲ 〈다윗 왕과 골리앗의 머리〉 안드레아 바카로

## 토막상식

**테레빈나무 꽃** © Ram Eisenberg
붉은색 꽃은 잎겨드랑이에서 원추꽃차례로 뭉쳐서 핀다.

## 《구약성경》에 나오는 참나무

《구약성경》에서 참나무라는 의미로 사용되고 있는 말의 히브리어는 엘el, 엘론elon, 일란ilan, 알라allah, 알론alloon, 엘아elah, 알라힘alahim 등 다양하다. 이들은 모두 '강인한'이라는 의미의 우르ur, 이르ir, 아라르a-lar에서 유래된 것으로, 참나무속의 여러 종을 지칭한다. 또, 성지에는 24종의 참나무가 있으므로, 고대 히브리인과 그곳의 주민들이 이들 나무를 여러 가지 말을 표현했을 것으로 여겨진다.

> 저희가 산꼭대기에서 제사를 드리며 작은 산 위에서 분향하되 참나무와 버드나무와 상수리나무 아래서 하니 이는 그 나무 그늘이 아름다움이라 이러므로 너희 딸들이 행음하며 너희 며느리들이 간음을 행하는도다
>
> _호세아서 4:13

《구약성경》에는 참나무가 주로 상수리나무로 나오는데, 이는 중국어 성경에서 이 나무를 상수橡树라 한 것을 우리나라에서는 상수리나무로 번역했기 때문이다. 그러나 《개역한글 성경》의 〈호세아서〉 4장 13절에서는 '참나무와 상수리나무'를 함께 써서 혼란을 가중시키고 있다. 《공동번역 성서》에서는 이 부분을 '참나무와 느티나무'로 고쳐서 썼으나, '참나무와 테레빈나무'로 번역하는 것이 옳다. 중국어 성경에서 '참나무橡树와 밤나무栗树'라 하였기 때문에, 테레빈나무를 밤나무로 번역한 것으로 보인다. 중국과 우리나라에는 테레빈나무가 없기 때문에, 부르기 쉽게 밤나무라 한 것이다.

성서식물 학자들은 상수리나무라 부르는 이 나무를, 히브리어 이름 알론allon과 엘론elon은 참나무oak로, 엘아elah와 알라allah는 테레빈나무terebinth tree로 번역해야 한다고 주장한다.

## 아브라함의 참나무

여호와께서 마므레 상수리 수풀 근처에서 아브라함에게 나타나시니라 오정 즈음에 그가 장막 문에 앉았다가 _창세기 18;1

아브라함과 롯의 가축을 치는 목자들 사이에 다툼이 일어나자, 아브라함은 롯에게 그가 원하는 땅으로 가게 하여 분가할 것을 제안하였다. 그래서 롯은 물이 넉넉하고 풍요로운 요르단 들판을 선택하여 떠나가고 아브라함은 가나안 땅에 남게 되는데, 이때 하느님이 아브람에게 땅과 땅의 먼지처럼 많은 후손을 약속해주었다.

이에 아브람이 장막을 옮겨 헤브론에 있는 마므레 상수리 수풀에 이르러 거하며 거기서 여호와를 위하여 단을 쌓았더라 _창세기 13:18

하느님의 축복을 약속받은 아브라함이 다시 옮겨간 곳이 헤브론에 있는 마므레다. 아브라함은 그곳에 자리를 잡은 후, 하느님을 위한 제단을 쌓았

▲ 아브라함의 참나무 ⓒ Copper Kettle

다. 마므레는 참나무가 많이 자라는 곳이었으며, 이곳의 참나무를 '아브라함의 참나무' 혹은 '마므레의 참나무'라 하였다. 하느님이 이곳 참나무 수풀 근처에 나타났는데, 세 천사가 아브라함의 아내 사라에게 아들을 낳을 것이라고 예고해주었다.

또, 유다의 한 역사가는 이 성목聖木이 헤브론 근처에 있는 큰 테레빈나무인데, 창세기부터 있었다고 전해지는 나무라고 기록하였다. 싸움에서 패한 유다인 포로들이 이 나무 밑에서 노예로 팔려간 적도 있었다고 한다기원후 69년. 이 나무는 기원후 330년경에 말라죽고, 그 자리에 지금의 참나무를 심었다고 한다.

## 오크나무의 복수

로마 신화에서 에리시크톤Erisichthon은 신을 경멸하는 불경한 자였다. 한번은 하인에게 농업의 신 케레스Ceres에게 봉헌된 숲에 있는 오크나무를 베어버리라고 했다. 하인이 그러한 행위가 신의 노여움을 살까 두려워하며 주저하자, 하인의 손에서 도끼를 빼앗아 "설령 여신이라 할지라도 내 길을 막는다면 베어버리겠다."라고 외치며, 나무를 내려쳤다. 그러자 나무에 난 상처에서 피가 흘러내렸다. 보고 있던 사람들은 공포에 떨었으며, 그 중 한 사람이 용기를 내어 도끼질을 그만 하라고 간언하였다. 그럼에도 불구하고, 그는 나무를 찍어 쓰러뜨렸다. 그러자 "나는 이 속에 살고 있는 케레스의 총애를 받는 요정이다. 지금은 너의 손에 죽지만 꼭 복수할 터이니 그리 알아라."라고 하는 소리가 들려왔다.

숲의 요정이 괴롭힘을 당하는 것을 본 케레스는 에리시크톤에게 천벌을 내렸다. 그것은 그가 아무리 많이 먹어도 항상 배고픔을 느끼게 하는 것이었다. 그의 재산은 식욕으로 인해 점점 줄어들었으나, 그의 배고픔은 조금도 줄어들지 않았다. 결국 그는 자신의 딸인 메스트라Mestra까지 노예로 팔아서 먹을 것을 구했다. 메스트라는 포세이돈에게서 자유롭게 모습을 바꾸는 능력을 부여받아, 여러 번 마수에서 빠져나와 아버지의 식욕을 채워주었다. 하지만 어떻게 해서도 배고픔을 달랠 수 없었던 그는, 마침내는 자기 몸을 뜯어 먹으면서 죽어갔다.

▲ 〈자신의 딸 메스트라를 파는 에리시크톤〉 얀 스틴

09

성경 속 나무 스토리텔링

# 포플러

포플러는 버드나무과 사시나무속(*Populus*) 수목의 총칭으로, 어떤 특정한 나무를 지칭하는 것은 아니다. 서양에서 들어온 버드나무 정도의 의미를 가지는데, 이 안에는 미루(美柳)나무와 양버들이라 부르는 양류(楊柳)나무가 있다. 미루나무는 미국에서 들어왔다 하여 붙여진 이름이며, 양버들은 서양 혹은 유럽에서 들어왔다 하여 붙여진 이름이다. 미루나무와 양버들의 잡종이 이태리포플러다.

포플러는 해가 많이 비치는 곳에서 잘 자라는 양수이며, 습지를 좋아한다. 주로 꺾꽂이로 번식시키는데, 가지를 꺾어 땅에 꽂기만 해도 잘 자란다고 할 정도다. 이처럼 생육이 매우 빠르기 때문에, 산불로 모든 수목이 소실된 곳에서도 가장 먼저 싹을 틔운다. 나무의 수명은 수목 중에서 매우 짧은 편이어서 약 60~70년 정도이며, 다 자란 것은 키가 30m, 둘레는 1m 정도이다. 포플러는 암나무와 수나무가 따로 있는 암수딴그루(雌雄異株)이다. 3~4월에 고양이 꼬리 모양의 꽃이삭(尾狀花序)을 피우는데, 수꽃은 적갈색이고 암꽃은 황록색을 띤다. 5~6월경에 열매를 맺고, 종자는 바람에 실려 사방으로 퍼진다. 꽃이 핀 후에, 달걀 모양의 잎이 나오는데, 잎과 줄기를 잇는 잎자루가 길기 때문에, 조금만 바람이 불어도 사락사락하는 소리를 내면서 흔들린다. 가을에 황색 혹은 적색으로 물드는 단풍이 아름답다.

포플러는 수피의 색에 따라 두 종류로 대별된다. 수피가 희고 감촉이 매끄러운 종류를 흰포플러(white poplar)라고 하는데, 잎 뒷면이 은빛으로 빛나는 은백양(*Populus alba*)과 사시나무(*Populus davidiana*)가 여기에 속한다. 〈창세기〉 30장에서 야곱이 얼룩무늬 양을 생산하기 위해 껍질을 벗긴 버드나무는 은백양이다.

이에 대해, 수피에 마름모꼴의 껍질눈이 뚜렷하고 시간이 지남에 따라 흰 수피가 검은색으로 변하는 종류를 검은포플러(black poplar)라고 하는데, 양버들(*Populus nigra* var. *italica*)이 대표적인 종류이다. 양버들은 이탈리아 북부 롬바디(Lombardy)가 원산지이며, 서양의 버드나무라는 뜻에서 양(洋)버들이란 이름이 붙여졌다. 우리나라 이름 양버들은 일본 이름 세이요하코야나기(西洋箱柳)에서 힌트를 얻어 붙인 것이다. 수형이 하늘을 찌르는 듯하여, 중국 이름은 '하늘을 뚫는 버들'이라는 뜻의 찬천양(鑽天楊)이다. 하지만 양버들은 버드나무(*Salix*) 종류가 아니라 포플러(*Populus*) 종류다.

▲ 양버들(*Populus nigra var. italica*)

## 포플러 아래에서의 제사

> 저희가 산 꼭대기에서 제사를 드리며 작은 산 위에서 분향하되 참나무와 버드나무와 상수리나무 아래서 하니 이는 그 나무 그늘이 아름다움이라 이러므로 너희 딸들이 행음하며 너희 며느리들이 간음을 행하는도다
>
> _호세아서 4:13

호세아는 음란한 여인 고멜과 결혼함으로써, 북이스라엘을 향한 하느님의 사랑을 깨닫게 된다. 그리고 그의 아내 된 이스라엘의 죄악을 구체적으로 지적한 다음, 신앙적 지표가 되어야 할 제사장들의 타락상을 열거하였다. 타락한 제사장들은 버드나무 그늘이 아름다워서, 그 아래에서 우상에게 제사를 드렸다고 하였다.

여기에 나오는 버드나무는 포플러를 가리키는데, 이 나무 아래에서 흔히 제사를 드리거나 집회를 열었다고 한다. 포플러는 일반적으로 미루나무를 말하며, 여기에는 백양나무 · 은백양 · 사시나무 등이 포함된다. 우리가 흔히 알고 있는 포플러는 가로수로 심겨진 빗자루 모양의 포플러를 떠올리는데, 이것은 근래에 개량된 품종이다. 성경에 나오는 포플러는 높이가 10~15m 정도 자라며, 가지를 넓게 펴서 시원한 그늘을 만든다. 잎은 둥글고 마름모꼴이며, 잎 표면은 녹색이고 광택이 있으며, 뒷면은 흰빛이 돈다.

## 포플러의 떨림

포플러는 잎자루가 잎몸에 비해서 길기 때문에 조금만 바람이 불어도 서로 부딪히면서 살랑살랑 소리를 내며 떤다. 그래서 포플러에는 라틴어로 민중public을 뜻하는 포푸리populi에서 유래된 포풀루스*Populus*라는 속명이 붙여졌다.

초기 그리스도교의 전설에 의하면, 예수님이 포플러나무로 만든 십자가에서 처형되었는데, 십자가에 못이 박힐 때 신성한 피가 십자가 위로 흘러내리자, 포플러나무는 몸을 떨면서 황송함을 표했다고 한다. 그 일이 있은 후, 포플러는 바람이 불지 않아도 몸을 떤다고 한다.

다른 전설에 의하면, 성가족이 헤로데의 추격대를 피해 도망가던 중에 어떤 숲속에 접어들었다고 한다. 이때 숲속의 모든 나무들은 고개를 숙여 경

▲ 유럽포플러(*Populus tremula*) © Carl Axel Magnus Lindman

배했지만, 포플러만은 거만하게 고개를 쳐들고 있었다. 어린 예수가 이 무례한 나무를 비난하는 눈으로 쳐다보자, 포플러는 어쩔줄 모르고 몸을 떨었다고 한다. 그 이후 그 떨림이 멈추질 않았다는 것이다.

또, 다른 전설에 의하면, 예수 자신이 포플러나무로 십자가를 만들도록 명령했다고 한다. 그 때문에 몇몇 국가에서는 포플러를 신성한 나무로 여기며, 프랑스계 캐나다인 나무꾼 중에는 최근까지지도 이 나무를 베는 것을 거부하는 사람도 있었다고 한다.

## 파에톤과 포플러

고대 로마의 시인 오비디우스의 ≪변신 이야기Metamorphoses≫에 파에톤Phaethon에 관한 이야기가 나온다.

파에톤은 태양신 헬리오스Helios와 바다의 님프 클리메네Clymene 사이에 태어난 아들이다. 그는 '빛나는 자'라는 뜻의 이름 때문에 친구들로부터 "네가 정말 태양신의 아들이라도 되느냐?"는 놀림을 받자, 이를 증명하기 위해 아버지 헬리오스를 찾아간다.

그리고는 아버지에게 날개 달린 네 마리의 말이 이끄는 태양마차를 하루만 몰게 해달라고 사정한다. 헬리오스가 마지못해 태양마차를 내어주자, 파에톤은 마차를 타고 궤도를 이탈하여 마음대로 날뛰며 다녔다.

그런데 태양마차는 대지와 일정한 거리를 유지하고 달려야 한다. 대지에서 너무 멀어지게 되면 세상은 햇볕이 없어져서 모든 것이 생명을 잃게 되고, 대지와 너무 가까이 가면 태양볕 때문에 세상의 모든 것이 타버리게 된다.

태양마차가 궤도를 이탈하여 대지 가까이에서 달리자, 세상은 온통 불바다가 되어버렸다. 불타는 세상을 구하기 위해, 결국 신들의 신 제우스는 파에톤에게 번개를 내려 그를 땅에 떨어져 죽게 만든다.

파에톤이 불에 타 죽자 그의 다섯 누이들이 매일같이 눈물을 흘리면서, 오빠의 죽음을 슬퍼하였다. 그러한 밤이 3개월 이상 지속되었다. 그리고 마침내 누이들은 포플러나무로 변하였으며, 그 눈물은 호박이 되었다.

▲ 〈태양마차를 몰고 있는 파에톤〉 니콜라 베르탱

### 토막상식

**유럽포플러 열매**

열매가 익으면 2~4개로 갈라져서, 솜 같은 긴 털이 달린 종자가 나온다.

# PART 04:
# 관 목

01



# 가시나무

국어사전에는 가시나무를 '가시가 있는 나무를 통틀어 이르는 말'이라고 정의하고 있다. 따라서 가시나무는 어느 특정한 나무를 지칭하는 것이 아니라, 가시가 있는 여러 종류의 나무를 아울러 일컫는 이름이다.

성지와 같은 건조지대에서는 식물이 한번 상해를 입으면 회복이 어렵기 때문에 이를 방지하기 위해서, 또는 초식동물로부터 자신을 보호하기 위한 목적으로 식물에 가시가 많이 나있다. 팔레스타인에 자생하는 식물 중에는 가시가 있는 것이 약 70종이 넘는다. 이 중에는 낙타나 염소 같은 가축의 사료나 가정용 땔감으로 이용되는 것도 있다. 이외에도 외부인이나 짐승의 접근을 방지하기 위한 생울타리로 유용하게 활용되기도 한다. 특히 작물을 재배하는 밭에는 가시나무가 많이 나는데, 작물을 심기 전에 불을 질러 태워서, 그 재를 비료 역할을 하게 하였다.

히브리어 성경에는 가시가 있는 관목이 18~20개가 나오며, 《킹 제임스 성경》에서는 이를 5종류의 가시나무로 번역하였다.

1. 가시대추(*Zizyphus spina-christi*) – 〈이사야서〉 7;19, 55;13, 〈마태복음〉 7;16 등
2. 가시떨기나무(*Rubus sanctus*) – 〈민수기〉 33;55, 〈사사기〉 8;7 등
3. 산티움 스피노숨(*Xanthium spinosum*) – 〈호세아서〉 9;6, 〈이사야서〉 34;13 등
4. 켄타우레아 칼키트라파(*Centaurea calcitrapa*) – 〈마태복음〉 13;7, 〈히브리서〉 6;8 등
5. 라므누스 파라에스티나(*Rhamnus palaestina*) – 〈창세기〉 3;18, 〈잠언〉 15;19, 〈시편〉 58;9 등

▲ 산티움 스피노숨(*Xanthium spinosum*) © Carl Axel Magnus Lindman

## 가시나무의 상징성

여러 계시를 받은 것이 지극히 크므로 너무 자만하지 않게 하시려고 내 육체에 가시 곧 사탄의 사자를 주셨으니 이는 나를 쳐서 너무 자만하지 않게 하려 하심이니라 _고린도후서 12;7

성경에 나오는 가시나무 혹은 가시덤불은 단순하게 가시가 있는 식물을 가리키기보다는, 땅을 황폐하게 하는 쓸모없는 식물 혹은 사람이 살던 번영하던 곳이 황폐하게 변하였을 때를 나타내는 식물로 묘사된 경우가 많다. 또, 가시가 고통과 위험의 상징으로 묘사되기도 하였다. 바울 사도는 그를 자만하지 않게 하려고, 하느님께서 '가시 곧 사탄의 사자'를 주었다고 하였으며, 예수님이 십자가에 매달릴 때 쓴 것도 가시면류관이다.

게으른 자의 길은 가시울타리 같으나 정직한 자의 길은 대로니라

_잠언 15;19

만일 가시와 엉겅퀴를 내면 버림을 당하고 저주함에 가까와 그 마지막은 불사름이 되리라 _히브리서 6;8

또, 성경에 나오는 가시나무는 형벌, 무관용, 무가치, 비생산성 등 항상 부정적인 의미로 사용되었다. 따라서 이런 가시나무를 없애버리거나 불 태워버려야 한다는 표현도 등장한다.

## 예수님의 가시면류관

군인들이 예수를 끌고 브라이도리온이라는 뜰 안으로 들어가서 온 군대를 모으고,
예수에게 자색 옷을 입히고 가시관을 엮어 씌우고,
경례하여 이르되 유다인의 왕이여 평안할지어다 하고,

갈대로 그의 머리를 치며 침을 뱉으며 꿇어 절하더라.
희롱을 다 한 후 자색 옷을 벗기고 도로 그의 옷을 입히고 십자가에 못 박으려고 끌고 나가니라 _마가복음 15;16-20

4대 복음서 중에 〈마태복음〉·〈마가복음〉·〈요한복음〉에 예수님이 체포된 뒤 '유다인의 왕, 나사렛 예수INRI'라는 조롱과 모욕을 받는 이야기가 나온다. 로마 병사들은 예수님에게 홍포를 입히고 갈대로 왕홀을 만들어 쥐게 하였으며, 그의 머리에 가시면류관을 씌웠다.

많은 성서 연구자들은 그리스도의 면류관을 만든 가시나무는 가시대추

▲ 가시대추(*Paliurus spina-christi*)

*Zizyphus spina-christi* L.라는데 동의하고 있다. 식물학자 칼 폰 린네Carl von Linne 역시 이 나무로 예수님의 가시 면류관을 만들었다고 믿고, 가시대추의 종소명을 붙인 것으로 보인다.

이 나무는 갈매나무과에 속하는 가시가 있는 대추나무로 묏대추나무와 비슷하다. 히브리어 이름은 아타드atad 또는 나아쭈쯔naatsuts이고, 영어 이름은 크라이스트 쏜Christ thorn, 즉 '그리스도의 가시'라는 뜻이다.

이 나무는 키가 1~3m 정도 자라는 상록관목으로, 가지가 길게 자라면 늘어지는 성질이 있다. 지중해 연안 즉 레바논 · 팔레스타인 · 시나이 등에 널리 분포하며, 예루살렘 구시가 주변 특히 골고다 근처에 많이 생육한다. 잎은 어긋나고 달걀형이고 대추나무 잎을 닮았으며, 턱잎이 변한 단단하고

▲ 〈가시면류관을 쓰는 그리스도〉 안토니 반 다이크

날카로운 가시를 달고 있다. 황록색의 작은 꽃은 잎겨드랑이에 모여 핀다. 열매는 둥글고 누런색이다가 익으면 검게 변하는데, 먹을 수는 있지만 맛이 없어서 대추야자나 무화과처럼 귀한 과일 대접을 받지는 못한다.

그런데 일부 학자들은 가시면류관의 소재가 된 나무로 몇 가지를 더 꼽고 있다. 그 중에 팔리우루스 스피나 크리스티 *Paliurus spina-christi* 라는 학명과 Christ thorn 그리스도의 가시이라는 별명을 가진 대추나무 종류를 꼽는다. 이 나무의 어린 가지는 유연해서 화환을 만들기가 용이하다. 키가 1~3m 정도 자라는 낙엽관목으로 크지 않기 때문에, 로마 병사들이 가지를 구하기가 쉬웠을 것이라고 주장한다. 또 턱잎이 변한 가시가 지그재그로 나는데, 그 중 하나는 길고 곧게 서며, 다른 하나는 짧고 아래를 향해 구부러져 나있어, 매우 사납고 험상궂은 느낌을 준다.

## 또 다른 가시나무

성경에 나오는 또 다른 가시나무가 있다. 이 가시나무의 히브리어 이름은 씨림 sirim, 학명은 사르코포테리움 스피노숨 *Sarcopoterium spinosum*, 영어 이름은 쏘니 버네트 thorny burnet이다. 팔레스타인과 예루살렘 부근에서 흔하게 볼 수 있으며, 군락을 이루어 지면을 덮는다. 키는 60cm 정도 되는 작은 관목으로, 4~5월에 빨간색의 작은 꽃을 피운다.

이 나무는 줄기가 단단하고 가시가 예리해서 집 주위에 울타리용으로 심으면 동물이 침입하지 못하며, 사람이 꺾으려하다가 심한 상처를 입을 수도 있다. 그래서 어떤 학자는 로마 병사들이 이처럼 위험 부담이 따르는 나무를 선택해서 가시관을 만들지는 않았을 것이라고 주장하며, 이 나무의 그리스도 가시관의 재료설을 부인하고 있다.

우매자의 웃음소리는 솥 밑에서 가시나무의 타는 소리 같으니 이것도 헛되니라 _전도서 7;6

이 가시나무씨림는 팔레스타인 지역에서 빵을 구울 때 연료로 쓰이는데, 요란한 소리를 내면서 타는 것으로 알려져 있다. 그래서 〈전도서〉에서는 이 나무가 타는 소리를 우매한 자의 헛된 웃음소리에 비유하였다.

가시나무 불이 가마를 더웁게 하기 전에 저가 생것과 불붙는 것을 회리바람으로 제하여 버리시리로다 _시편 58;9

또, 시편에서는 가시나무씨림를 부정과 불의를 일삼는 악인들을 불태워버리는 도구로 사용하고 있다.

## 요담의 비유와 가시나무

이에 모든 나무가 가시나무에게 이르되 너는 와서 우리의 왕이 되라 하매 가시나무가 나무들에게 이르되 너희가 참으로 내게 기름을 부어 너희 왕을 삼겠거든 와서 내 그늘에 피하라 그리하지 아니하면 불이 가시나무에서 나와서 레바논의 백향목을 사를 것이니라 하였느니라 _사사기 9;14-15

이스라엘 사람들은 요담의 아버지 기드온을 왕으로 세우려고 하지만, 기드온은 이를 거절한다. 그러자 세겜 출신의 아비멜렉이 고향사람들을 부추겨서 스스로 왕의 자리에 오른다. 그 후 그는 기드온의 자식들을 모두 죽이지만, 막내 요담만은 운좋게 살아남을 수 있었다.

요담이 세겜 남쪽에 있는 그리심 산 꼭대기에 올라가서 아비멜렉을 왕으로 삼은 세겜 사람들을 향해 '나무의 비유'를 들면서 외쳤다. 아비멜렉이라는 악한 왕을 세운 세겜 사람들이 장차 당하게 될 고통과 비참한 결과를 비유적으로 말한 것이다.

나무들이 가장 먼저 올리브나무를 찾아가서, 자신들의 왕이 되어달라고 했지만 거절당한다. 그리고 무화과나무와 포도나무를 찾아가 부탁했지만, 마찬가지로 거절당한다. 마지막으로 찾아간 가시나무가 나무들의 부탁에 응한다.

그러나 가시나무는 "내가 왕이 되면 내 그늘에 피하라."라는 조건을 내건다. 이는 모두 자신에게 철저히 복종하라는 의미이다. 만약 그렇게 하지 않으면, 가시나무에서 불이 나와서 레바논의 백향목을 불태워 버릴 것이라고 위협하였다.

백향목은 레바논을 대표하는 나무이자, 레바논의 영광이다. 이런 훌륭한 나무를 땅을 황폐하게 만드는 가시나무가 불태워 버린다는 것은, 악한 왕을 세운 것이 이스라엘 전 국토에 큰 재앙을 미칠 것이라는 것을 암시하고 있다.

▲ 〈세겜 사람들에게 외치는 요담〉

# 헤나(고벨화)

솔로몬왕이 사랑하는 여인에 비유한 꽃, 고벨화는 본래 인도 북부가 원산지이지만, 지금은 누비아 · 이집트 · 아라비아 · 시리아 · 레바논 · 팔레스타인 등에서 야생하고 있다.

고벨화의 히브리어 이름은 코페르(kopher), 아랍어 이름은 엘 헤나(el-henna)이며, 영어 이름도 여기에서 유래하여 헤나 플랜트(henna plant)이다. 학명은 라우소니아 이네르미스(*Lawsonia inermis*)이며, 중국어 이름은 지갑화(指甲花)이다. 《개역한글 성경》에는 히브리어 이름인 고벨(코펠)로 번역하였으나, 일반적으로는 아랍어 이름 헤나로 통용되므로 《공동번역 성서》에서는 헤나라 하였다. 지금도 아랍의 백화점에서는 헤나 파우더(henna powder)를 판매하고 있으며, 우리나라에도 헤나(henna)라는 명칭의 염색약이 널리 판매되고 있다.

헤나 염료는 아랍이나 예루살렘 시장에서 구입할 수 있다. 헤나 가루에 뜨거운 커피나 올리브오일, 식초, 레몬즙 등을 넣어 반죽한 후 머리에 바르고, 랩으로 싸서 한두 시간 정도 기다리면 염색이 된다. 일주일 간격으로 몇 번 반복하면, 그 다음부터는 염색이 잘 된다.

고벨화(헤나)는 부처꽃과 소속의 열대성 상록관목으로 키는 4m 정도 자라며, 가지들이 엉기면서 휘어진다. 기온이 높고 건조한 지역에서 잘 자라는데, 일 년에 3~4회 수확할 수 있을 정도로 번식력이 강하다.

잎은 마주나며, 모양은 계란형 또는 둥근 타원형이다. 잎끝은 뾰족하고 매끄러우며, 연한 녹색을 띤다. 꽃은 흰색 또는 연한 노란색이고 7mm 정도로 작으며, 가지 끝에 원추꽃차례로 피는데, 향기가 매우 강하다. 열매는 둥글고 반들반들한 삭과(蒴果)가 열리는데, 완두콩만하다. 그 속에 세모꼴의 작은 씨가 100여 개가 들어 있다.

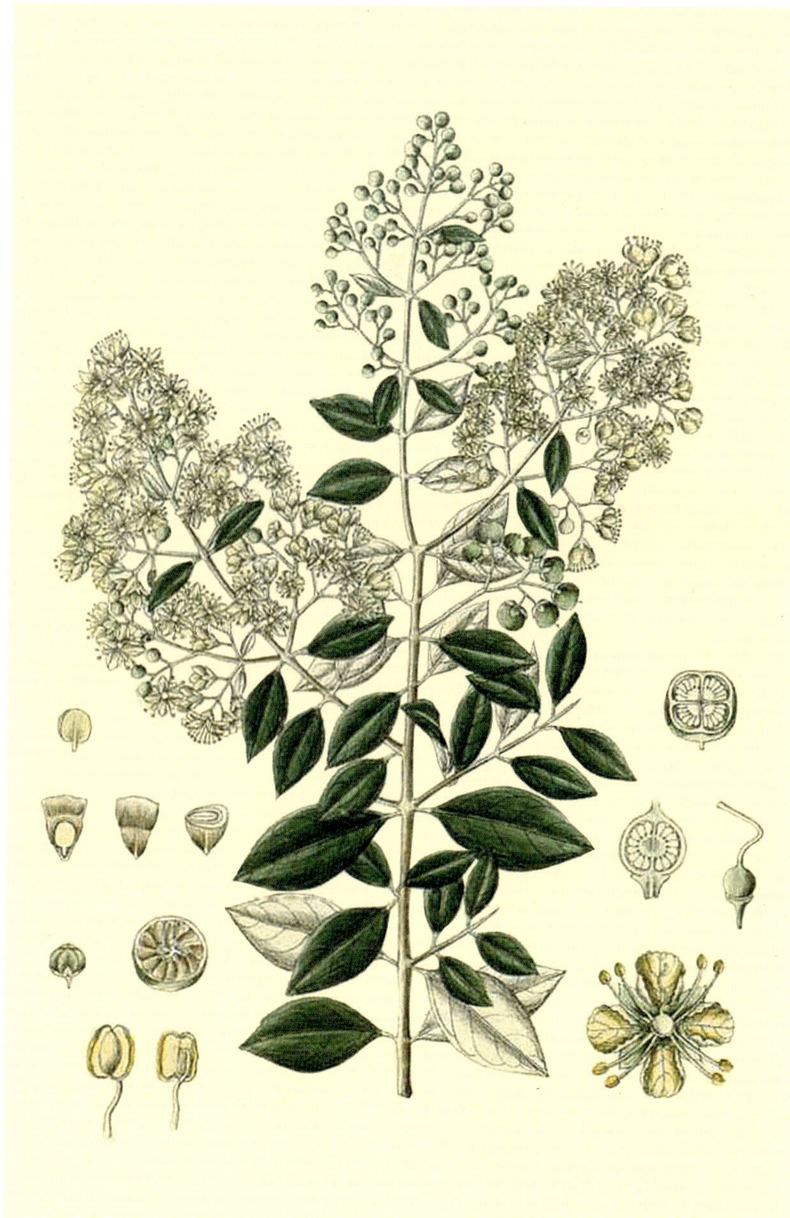

▲ 헤나(*Lawsonia inermis*)

## 헤나 염료

예로부터 헤나는 염료로 널리 사용되었다. 헤나 잎을 말려서 분말로 만든 것을 물에 풀어서 묽은 풀paste처럼 만들어 염색약으로 이용했다. 주로 머리카락이나 손발톱을 물들이거나 몸의 일부분을 염색하는데도 이용했다. 특히 이슬람교 여인들이 즐겨서 염색했는데, 이것은 그들의 오랜 풍습이었다. 이집트의 미이라 손톱이 붉게 물들여져 있는 것으로도 알 수 있다. 젊은 아가씨들은 이 염료로 보통 3~4주마다 한 번씩 손발톱 · 손가락끝 · 발등 · 손바닥 같은 데를 붉은색 · 오렌지색 · 노란색으로 물들였다고 한다.

유다 여성들이 헤나를 화장품으로 사용하는 풍습은 이스라엘 백성들이 이집트에 붙잡혀 갔을 때, 이집트에서 행해지던 풍습을 답습한 것으로 여겨진다.

> 네가 만일 그 포로 중의 아리따운 여자를 보고 연련하여 아내를 삼고자 하거든
> 그를 네 집으로 데려갈 것이요 그는 그 머리를 밀고 손톱을 베고
> 또 포로의 의복을 벗고 네 집에 거하며 그 부모를 위하여 일개월 동안 애곡
> 한 후에 네가 그에게로 들어가서 그 남편이 되고 그는 네 아내가 될 것이요
>
> _신명기 21:11-13

그러나 유다 지도자들은 손톱이나 머리카락, 피부를 물들이는 풍습을 명

**토막상식**

**헤나 염료**

헤나 잎을 레몬 쥬스나 에센셜 오일과 섞어서 만들며, 오래 전부터 모발 염색이나 문신 등에 사용되었다.

백히 이단적인 것으로 보았다. 그래서 〈신명기〉에는 이방인을 아내로 삼고자 할 때는, 헤나로 물들인 머리카락을 밀고 손톱을 깎은 후에 아내로 맞으라고 했다.

## 헤나 향료

나의 사랑하는 자는 내게 엔게디 포도원의 고벨화 송이로구나 _아가 1;14
네게서 나는 것은 석류나무와 각종 아름다운 과수와 고벨화와 나도초와
_아가 4;13

〈아가〉에서 솔로몬왕은 헤나꽃고벨화의 아름다움과 향기를 사랑하는 여인에 비유하였다. 헤나꽃에는 장미꽃 향기와 비슷한 향기로운 휘발성 정유精油가 함유되어 있다. 이것을 증류한 기름을 메헨디 오일mehendi oil이라 하며, 제사나 종교행사에 향료로 이용하였다.

아랍 여인들은 헤나꽃을 목욕물에 담가두었다가, 그 향기로 몸을 단장하고 남편을 맞을 준비를 하는 풍습이 있을 정도다. 또, 인도나 네팔에서는 헤나꽃을 향기로운 제물로 사원에 바쳤다고 한다. 오늘날 동양에서는 헤나잎 분말과 동부 인도산 아카시아 카테쿠*Acacia catechu*의 목재에서 추출한 아선약阿仙藥 등을 섞어서 헤나 페이스트paste를 만든다.

**토막상식**

**메헨디 오일**(mehendi oil)
헤나꽃에서 추출한 휘발성 정유로, 향기가 진하다.

# 화석류(미르투스)

화석류(花石榴)는 학명이 미르투스 콤무니스(*Myrtus communis*)이며, 속명(*Myrtus*)은 몰약처럼 향기가 좋다 하여, 그리스어로 몰약을 뜻하는 미론(myron)을 라틴어화한 것이다. 서아시아가 원산지로 알려져 있으며, 지중해 주변의 여러 나라에도 귀화해있는 것으로 보인다. 팔레스타인과 레바논, 특히 베들레헴 · 헤브론 · 카르멜산 · 타보르산의 사면에서도 흔하게 볼 수 있다.

화석류는 상록관목으로 높이가 4~5m 정도 자라지만, 환경이 좋은 곳에서는 7~10m까지도 자란다. 가지가 많아서 무성하게 보이며, 다듬지 않아도 아름다운 나무 모양을 이룬다.

잎은 마주나며, 길이는 3~5cm 정도이다. 타원형이고 끝이 뾰족하며, 짙은 녹색을 띠고 광택이 난다. 꽃은 여름에서 가을 사이에 피는데, 지름이 2cm 정도이고 꽃잎은 5장이며, 수술이 많고 향기가 좋다. 열매는 지름 15mm 정도의 공 모양이고 청흑색으로 익는다. 달콤하고 향기가 있어서 생으로 먹거나, 말려서 저장해두었다가 먹기도 한다. 또, 새들의 먹잇감이 되어 번식에도 도움이 된다.

꽃이나 잎, 가지를 증류하여 방향성 정유인 미르테놀 오일(myrtenol oil)을 추출하는데, 이 오일은 약용하거나 향수의 원료로 사용된다. 예루살렘이나 다마스코스의 바자르(전통시장)에서는 꽃이나 잎, 열매를 향수의 원료로 판매하고 있다. 또, 수피와 뿌리는 터키 가죽이나 러시아 가죽을 무두질하는데 사용하며, 독특하고 고상한 향기가 가죽에 배여서 최상질의 가죽 상품을 만든다고 한다.

건조지나 습지를 가리지 않고 잘 자라며, 돌이 많은 땅에서도 활발하게 생육한다. 또, 가지가 많이 갈라지고 잎이 상록이며, 향기가 좋기 때문에 정원이나 공원의 생울타리로 활용되는 경우도 많다. 목재가 단단하고 무늬가 아름다워서 세공용 재료로도 많이 쓰인다. 스페인에서는 고기를 요리할 때 재료로 사용되며, 방부제 · 방취제 · 거담제 · 진정제 · 에센셜 오일 등 광범하게 활용되고 있다.

▲ 미르투스(*Myrtus communis*)

## 화석류, 미르투스, 도금양

화석류花石榴는 우리나라와 중국, 일본에는 자생하지 않는 식물이다 보니 성경 번역에서 많은 오류가 발견된다. 《개역한글 성경》에는 화석류로, 《공동번역 성서》에는 소귀나무로 번역하였으며, 《새번역 성경》에서는 화석류와 소귀나무를 섞어 써서 혼동을 일으키고 있다. 또, 중국어 성경에서는 번석류番石榴, 도금양桃金孃 등으로 번역하였고, 일본어 성경은 미루토스ミルトス 또는 감탕나무モチノキ라 하였으며, 영어 성경은 미르투스myrtle라는 영어 이름을 사용하였다.

여기에 나오는 이름을 하나씩 살펴보면, 번석류番石榴라는 중국어 이름은 학명이 프시디움 구아야바*Psidium guajava*인데, 영어로 구아바guava라고 부르는 다른 수종이다. 또, 도금양*Rhodomyrtus tomentosa* 역시 화석류와는 다른 수종이다. 성경에 나오는 화석류 또는 미르투스를 가리키는 바른 중국어 이름은 향도목香桃木이다.

일본에서는 미루토스 또는 감탕나무라고 한다. 미루토스는 속명 미르투스*Myrtus*를 그대로 사용한 것이고, 감탕나무과의 상록소교목인 감탕나무*Ilex integra* 역시 화석류와는 다른 식물이다.

또, 일부 번역본에 나오는 소귀나무도 화석류와는 전혀 다른 식물이다. 소귀나무는 잎의 모양이 '소의 귀'를 닮아서 붙여진 이름으로, 우리나라에서는 제주도 남쪽 서귀포 부근에서만 자생하는 난대수종이다. 중국에서는 양매楊梅, 일본에서는 '산에서 나는 복숭아'라는 뜻의 야마모모山桃라 불리는 나무이다. 따라서 화석류와는 전혀 관계가 없는 나무다.

우리나라에는 화석류花石榴라는 이름의 식물은 없다. 그러면 화석류라는 이름은 어디에서 온 것일까? 초기 성경에서 석류수石榴樹와 화석류를 혼용하다가 화석류로 쓰게 된 것인데, 화석류라는 이름은 석류와 닮았다고 여겨 붙인 이름으로 추정된다. 따라서 출처가 불명확한 화석류보다는, 학명을 따라서 미르투스라 부르는 것이 식물학적으로 옳은 것 같다.

미르투스myrtus는 그리스 고어 myrtos도금양로, 발삼balsam, 침엽수에서 분비되는 끈적끈적한 액체이라는 뜻에서 유래된 것이다. 이것은 몰약沒藥처럼 향기롭다고 하여, 그리스어로 몰약을 뜻하는 myron이 라틴어화 하여 myrtus가 된 것이다.

> 왕이 이 둘째 날 잔치에 술을 마실 때에 다시 에스더에게 물어 가로되 왕후 에스더여 그대의 소청이 무엇이뇨 곧 허락하겠노라 그대의 요구가 무엇이뇨 곧 나라의 절반이라 할찌라도 시행하겠노라 _에스더서 7:2

히브리어 하다스hadas는 '사랑스럽다.' 또는 '아름답다.'는 뜻으로, 화석류를 가리키는 말이다. 〈에스더서〉에서 에스더를 하닷사Hadassah라고 부르는데, 이것은 에스더가 아름답고 바르기 때문에 화석류, 즉 하다스에 비유한 것이다. 아랍어로도 hadas라고 부른다.

**토막상식**

**미르테놀 오일**(myrtenol oil)

화석류의 잎과 줄기를 수증기로 증류하여 만든 오일로, 이 오일로 향수를 만들기도 한다.

## 초막을 짓는데 사용된 나무

> 또 일렀으되 모든 성읍과 예루살렘에 공포하여 이르기를 너희는 산에 가서 감람나무 가지와 들 감람나무 가지와 화석류나무 가지와 종려나무 가지와

기타 무성한 나무 가지를 취하여 기록한 바를 따라 초막을 지으라 하라 하였는지라 _느헤미야서 8:15

초막절草幕節은 이스라엘 백성들이 이집트를 탈출하여 40년 동안 광야에서 장막 생활한 것을 기념하는 유다인의 절기 중 하나이다. 유대력으로 티쉬레이 달Tishrei ; 태양력의 9~10월에 해당의 15일추분일에 가까운 보름달부터 7일간 지켜졌으며, 첫날 산에서 나뭇가지를 가져와 초막을 지었다.

족장, 제사장, 레위 사람들이 학사인 에스라에게 가서 물어본즉, 하느님이 모세에게 명하여 이스라엘 자손은 칠월 절기에 초막을 지으라고 하였다는 것이다.

그리고 초막을 짓는 방법에 대해서도 자세히 일러주었다. 즉, 산에 가서 감람나무올리브나무 가지와 들감람나무 가지와 화석류미르투스 가지와 종려나무대추야자나무 가지와 기타 무성한 나뭇가지를 사용하여, 기록한 바를 따라 초막을 지으라 하였다. 화석류는 초막절 첫날에 사용하도록 명령한 네 종류의 나무 중 하나이다. 유다인들은 지금도 초막절에는 화석류 가지를 사용하여 초막을 짓는다.

첫날에는 너희가 아름다운 나무 실과와 종려 가지와 무성한 가지와 시내 버들을 취하여 너희 하느님 여호와 앞에서 칠일 동안 즐거워할 것이라

_레위기 23:40

〈레위기〉에 초막절에 무성한 가지로 초막을 지으라고 했는데, 여기의 무성한 가지는 화석류를 가리킨다. 화석류는 가지가 무성하여 수간이 잘 보이지 않는 특성이 있다. 나뭇가지를 잘라도 아주 오랫동안 심겨져 있던 나무처럼 자기 빛깔을 잃지 않는다. 또, 말라서 죽어갈 때에도 다른 나무는 다 죽어 가는데, 가장 빨리 한 가지에서 새 곁가지를 내는 뛰어난 재생력을

가진 나무이기도 하다. 그래서 랍비들은 화석류를 불멸과 부활을 상징하는 나무로 여긴다.

## 저주받은 상태의 회복을 상징하는 나무

> 잣나무는 가시나무를 대신하여 나며 화석류는 질려를 대신하여 날 것이라 이것이 여호와의 명예가 되며 영영한 표징이 되어 끊어지지 아니하리라 하시니라
> _이사야서 55:13

유다인들은 화석류를 평화와 감사, 그리고 저주받은 상태의 회복을 상징하는 식물로 생각한다. 〈이사야서〉에서는 화석류가 종말적인 상황을 회복하는 상징으로 언급되어있다. 하느님은 패역한 세대의 가시나무를 대신하여 잣나무가 날 것이며, 질려쐐기풀를 대신하여 화석류가 날 것이라고 하였다.

또, 그것들이 약속하고 이루려는 하느님의 명예를 회복할 것이며, 영원함이 무엇인지를 알게 됨으로써 하느님으로부터 끊어지지 않게 될 것이라고 하였다.

> 내가 밤에 보니 사람이 홍마를 타고 골짜기 속 화석류나무 사이에 섰고 그 뒤에는 홍마와 자마와 백마가 있기로
> _스가랴서 1:8

〈스가랴서〉에는 스가랴가 본 환상 중에 하느님이 보낸 홍마 · 자마 · 백마를 탄 사자들이 화석류 사이에 섰다고 기록되어 있다. 이것은 세상의 평안함을 나타내고자 할 때, 화석류가 사용되었음을 알 수 있다.

화석류는 아담이 낙원에서 추방될 때, 하느님이 가져가도록 허락한 세 가지 식물 중 하나라는 이야기가 있다. 식량으로는 밀, 과일로는 대추야자, 향

기로운 꽃으로는 화석류를 가지고 나가는 것을 허락받았다는 것이다. 그래서 화석류를 하느님의 관대함의 상징으로 여기기도 한다.

## 화석류의 여러 가지 상징성

화석류는 상록수이기 때문에 고대 그리스에서는 불사의 표징이었으며, 죽음과 부활의 약속이기도 했다. 화석류가 불로불사를 상징한다 하여, 보헤미아에서는 장례식 때, 관 위에 화석류 가지를 놓아두었다고 한다. 또, 미와 사랑의 여신 아프로디테의 신목神木으로, 그녀에게 바치는 꽃이기도 했다. 따라서 사랑과 미를 상징하는 의식이나 예술회, 시회 등에서 중요한 역할을 했다.

고대 로마에서 화석류는 권위와 영광의 상징으로, 사제나 영웅 또는 위인에게 이 나무의 가지로 만든 관을 씌워 주었다. 로마인에게 화석류는 승리의 상징이었으며, 전쟁터에서 무혈의 승리를 쟁취했을 때, 월계수 가지와 함께 화석류 가지로 엮은 관을 씌워주었다. 나중에 이것은 월계수만 사용한 월계관으로 발전하였다.

화석류는 고대 로마에서 비너스에게 봉헌되었는데, 이것은 관능적인 사랑과 열정의 표시였으므로, 많은 나라에서 경건한 사람들로부터는 경멸의 대상이 되었다. 영국에서는 평화 · 가정 · 평안의 심볼이었으며, 독일에서는 신부가 화석류 꽃바구니를 들고 결혼식장에 들어갔다. 유럽에서는 다산과 순결의 상징으로 여겨, 오렌지꽃이 사용되기 전까지 결혼식 화환으로 널리 사용되었다.

▲ 질려를 대신하여 화석류가 날 것이며, 이것이 하느님의 영광이 되어 영원히 끊어지지 않게 될 것이다.
**〈신성자연학(神聖自然學)〉** 요한 야코프 슈이처(1728)

# 로뎀나무

로뎀나무는 우리에게 다소 생소한 나무다. 이 나무는 서양골담초(애니시다)의 일종이며, 로뎀이라는 이름은 이 나무의 히브리어 이름 로템(rothem)을 그대로 음역한 것이다.

학명은 레타마 라에탐(*Retama raetam*)이며, 영어 이름은 화이트부름(white broom)이다. 부름(broom)은 금작화(金雀花)라는 뜻인데, 서양골담초인 애니시다를 지칭하는 이름이다. 골담초가 노랑색 꽃을 피우는데 비해, 로뎀나무는 흰색 꽃을 피우기 때문에 흰골담초, 즉 화이트부름이라 한다.

로뎀나무는 일본어 성경에는 학명인 레다마(レダマ, retama)로 번역되었으며, 중국어 성경에는 이것을 음역한 나등(羅騰, luoteng) 또는 금작화(金雀花) 등으로 번역되어 있다. 《공동번역 성서》에서는 '싸리나무 덤불'로 나와 있는데, 차라리 '흰골담초'라 하는 편이 로뎀나무에 가까운 번역이라 여겨진다.

로뎀나무는 아라비아와 사하라 사막지대를 비롯하여, 시리아와 팔레스타인 등에서 흔하게 볼 수 있다. 주로 광야의 구릉지 · 암석지대 · 협곡 · 모래땅에 생육한다.

키가 2~4m 정도 자라는 관목으로, 가늘고 긴 줄기가 많이 나와서 늘어진다. 잎은 퇴화하여 거의 없어지다시피 하여 듬성듬성 나있으며, 암록색의 줄기가 잎의 역할을 한다. 흔히 사막에서 자라기 때문에, 가능하면 수분 증발을 억제하기 위해 잎은 일찍 떨구고 광합성은 푸른 줄기가 대신한다. 잎이 많지 않아서 충분하지는 않지만, 사막에서는 그나마 기분 좋은 그늘을 제공해주는 나무다.

이른 봄이면, 콩과 식물답게 나비 모양의 하얀 꽃을 줄기 가득히 피운다. 보라색 꽃받침이 하나 있어서, 마치 포(苞)처럼 보인다. 꽃이 지고 나면, 장타원형의 꼬투리 모양의 열매가 열리는데 익어도 떨어지지 않으며, 그 안에 1~2개의 씨가 들어있다. 뿌리는 땅속 깊숙이 뻗어 지하수까지 도달해 있어서, 사막지형에서도 잘 자랄 수 있는 구조로 되어 있다.

▲ 로뎀나무(*Retama raetam*) © James Steakley

## 엘리야와 로뎀나무

스스로 광야로 들어가 하룻길쯤 행하고 한 로뎀나무 아래 앉아서 죽기를 구하여 가로되 여호와여 넉넉하오니 지금 내 생명을 취하옵소서 나는 내 열조보다 낫지 못하니이다 하고 _열왕기상 19:4

엘리야는 카르멜산 꼭대기에서 바알의 선지자 450명, 그리고 아세라의 선지자 400명과 대결하여 승리를 거둔다. 하느님이 그의 제단에 불을 내려주셨던 것이다. 이에 거짓 선지자들은 백성들에 의해 죽임을 당하고, 이스라엘 백성들은 하느님에게로 돌아선다. 그리고 엘리야의 간절한 기도를 통해, 3년 6개월 동안 가물었던 그 땅에 폭우가 쏟아진다. 그런데 이 극적인 승리의 사건들이 있은 다음, 엘리야는 자기를 찾아내어 죽이려는 왕후 이세벨을 피하여 광야로 도망친다. 도중에 그는 호렙산에 이르러 로뎀나무 아래서 몸을 쉬었다.

아마도 카르멜산 위에서의 영적 대결과 비를 위한 간절한 기도 때문에 심신이 극도로 쇠약해졌기 때문으로 보인다. 결국 그는 극도로 불안한 심리 가운데서 광야의 한 로뎀나무 아래 누워 하느님께 죽기를 자청하며 기도를 올렸다.

로뎀나무 아래 누워 자더니 천사가 어루만지며 이르되 일어나서 먹으라 하는지라 _열왕기상 19:5

엘리야는 왜 로뎀나무 아래에서 기도를 올렸을까? 사실 로뎀나무는 잎이 많지 않기 때문에 그다지 쉴만한 그늘을 제공해주지는 못한다. 그러나 사막에는 마땅히 쉴만한 나무가 없었기 때문에, 로뎀나무 밑으로 들어갔을 것이다. 그 만큼 광야에서의 그의 처지가 비참했다는 것을 단적으로 보여주고 있다. 이런 상황에서 엘리야는 하느님께 간절한 기도를 올렸더니, 천사가 나타나 그를 어루만지며 먹을 것을 먹여주었다.

▲ 〈엘리야를 먹여주는 천사〉 페르디난트 볼

## 로뎀나무 숯

너 궤사한 혀여 무엇으로 네게 주며 무엇으로 네게 더할꼬
장사의 날카로운 살과 로뎀나무 숯불이리로다 _시편 120:3-4

로뎀나무 뿌리는 숯을 만드는데 널리 쓰인다. 성경에 나오는 로뎀나무는 숯으로 굽지 않아도 잘 타며, 숯이 타고 남은 불씨는 조금 과장하면 한 달 동안 지속된다고 할 정도로 오래간다. 따라서 로뎀나무로 만든 숯을 최상품으로 여겼으며, 좋은 품질의 숯은 베두인족과 이집트인 사이의 중요한 무역 상품이기도 했다.

“세 치 혀가 사람 잡는다.”라는 우리 속담이 있다. 말 한마디를 할 때도 조심하고 신중해야 한다는 뜻으로, 세상의 불화는 사람의 세 치 혀에 달려 있다고 해도 과언이 아니다. 유다 문화에도 이와 비슷한 내용의 말조심하라는 속담이 있는듯하다. 〈시편〉에서도 ‘궤사한 혀’로 인해, 장사의 날카로운 화살과 로뎀나무의 숯불을 더할 수도 있다는 내용이 나온다.

## 시끄러운 로뎀나무

로뎀나무 숯은 광야에서 유목생활을 하던 베두인족에게는 추운 밤을 따뜻하게 지켜준 고마운 물건이었다. 이 숯은 불이 쉽게 붙으면서도 잘 꺼지지 않고, 타고난 다음에는 회색 잔재만 남기고 모두 없어진다. 광야의 밤은 추웠지만 로뎀나무를 태운 재 위에 흙을 덮고 잠을 자면, 아침까지 따뜻한 온기가 전해져서 잠을 잘 수 있었다. 이처럼 유용한 로뎀나무 숯도 불에 탈 때는 매우 요란한 소리를 내며 탔다고 한다.

> 조금 나아가사 얼굴을 땅에 대시고 엎드려 기도하여 가라사대 내 아버지여 만일 할만하시거든 이 잔을 내게서 지나가게 하옵소서 그러나 나의 원대로 마옵시고 아버지의 원대로 하옵소서 하시고 _마태복음 26:39

이와 관련하여, 다음과 같은 전설이 전해진다. 예수님이 겟세마네 동산에서 닥쳐올 십자가의 고난을 위해 간절히 기도를 드렸다. 땀이 땅에 떨어지는 엄숙한 순간에도, 로뎀나무는 소리 내어 기도를 방해했다. 기도를 마친 예수님이 자리를 뜨면서 로뎀나무더러 “너는 네가 지금 내고 있는 소리를 내면서 불태워질 것이다.”라고 말했다. 그 뒤로 로뎀나무는 요란한 소리를 내면서 불타게 되었다는 이야기이다.

▲ 엘리야는 광야로 들어가 로뎀나무 아래 앉아서 죽기를 구하고, 그 아래에서 몸을 쉬었다.
〈**신성자연학(神聖自然學)**〉 요한 야코프 슈이처(1728)

# 서양때죽나무(소합향)

서양때죽나무는 학명이 스티락스 오피치날리스(*Styrax officinalis*)이며, 세계적으로 약 130종이 분포한다. 금때죽나무라고도 하며, 소합향을 생산하는 나무라 하여 소합향나무라고도 부른다. 히브리어 이름 리브네(libnah)는 '희다'는 뜻으로, 때죽나무와 구별하기 위해 열매의 특징을 택하여 붙인 이름이다. 이 나무를 《개역한글 성경》과 《새번역 성경》에서는 소합향이라 하였으며, 《공동번역 성서》에서는 때죽나무라 하였다.

북부 레바논, 안티레바논 산맥에서 팔레스타인에 이르는 지역, 특히 카르멜산 · 타보르산 · 길레아드 · 유다 산지의 구릉지나 암석지대에서 많이 자란다.

높이 3~7m 정도 자라는 때죽나무과의 낙엽관목으로 가지는 흑갈색이고 단단하며, 불규칙하게 여러 갈래로 갈라져 나온다. 잎은 어긋나고 달걀형이며, 길이는 5cm 정도이다. 앞면은 광택이 나고 암록색이며, 뒷면은 솜털로 덮여 있고 은백색을 띤다.

꽃은 종(鍾) 모양이고 흰색 또는 크림색을 띠며, 짧은 가지의 잎겨드랑이에 총상꽃차례로 아래로 드리워 피운다. 꽃 모양이나 향기가 오렌지 꽃이나 레몬 꽃과 닮아서 매우 아름답고 향기롭다. 열매는 작고 털이 있으며, 종자가 하나인 핵과(核果)이며, 처음에는 녹색이다가 나중에 노란색으로 익는다. 또, 열매에서 악취가 나기 때문에, 어부가 물고기를 잡기 위해 기절시킬 때 사용하기도 했다.

모세가 이집트의 바로 왕에게서 도망갈 때 가지고 간 지팡이가 이 나무로 만든 것이었다고 하며, 이 지팡이를 땅에 꽂으니 싹이 나왔다고 전해진다.

우리나라에서 때죽나무(*Styrax japonica*)라고 부르는 나무는 높이 5~10m 정도 자라는 낙엽활엽소교목으로, 서양때죽나무와 꽃과 열매의 모양이 비슷하다. 열매껍질에 에고사포닌(egosaponin)이라는 독성성분을 포함하고 있어서, 열매를 찧어서 냇물에 풀어놓으면 작은 물고기가 떼죽음을 당한다 하여 붙여진 이름이다.

▲ 서양때죽나무(*Styrax officinalis*)

## 소합향을 생산하는 나무

서양때죽나무의 줄기나 가지를 자르면 수액이 분비된다. 이것을 농축하면 고무같은 나무진을 얻을 수 있는데, 나타프향이라 하며 향기가 좋다. 나타프nataf는 '물방울이 떨어지는'이라는 뜻으로, 나무진이 물방울처럼 떨어지는 것에서 유래된 이름이다. 하지만 우리나라에 자생하는 때죽나무 *Styrax japonica*의 수피에서는 이런 고무수액이 분비되지 않는다.

이 고무수지나타프는 스토락스storax라고 하며, 향이 강해서 옛날에는 약재나 향료로 사용되었으며, 오늘날에도 질 좋은 향수로 평가받고 있다.

고대 그리스에서는 안식향安息香을 스토락스라 하였으며, 서양때죽나무의 영어 이름도 스토락스storax이다. 때죽나무의 속명 스티락스*Styrax* 역시 이 말에서 유래된 것으로 '안식향을 생산하는 나무'라는 의미이다.

스토락스storax는 말레이시아에서 나는 때죽나무의 일종인 안식향나무 *Styrax benzoin*의 수지를 의미한다. 이 나무의 줄기에 상처를 내어서 안식향 수지를 채취하며, 약재 또는 향료, 방부제 등으로 사용된다.

서양때죽나무에서 수집하는 나무진인 나타프향은, 오늘날 시장에서는 완전히 자취를 감추어 버렸다. 이를 대신 해서 사용하고 있는 액체 모양의 나타프향은 오리엔탈 스위트검*Liquidambar orientalis*이라 불리는 나무에서 채

### 토막상식

**나타프향**

성막에서 분향에 사용된 거룩한 향재료 중 하나로, 히브리어로 나타프라고 한다. 서양때죽나무의 진에서 추출하며, 향이 매우 강하다.

취한 나무진이다.

이 소합향은 성경에 나오는 나타프향과는 전혀 상관이 없으며, 성지에서는 나타프향의 생산이 극히 적기 때문에, 소합향을 수입하여 나타프향nataf이라 명명하여 거래하고 있다. 따라서 소합향으로 번역된 것도 이런 유래에서 비롯된 것으로 보인다.

> 여호와께서 모세에게 이르시되 너는 소합향과 나감향과 풍자향의 향품을 취하고 그 향품을 유향에 섞되 각기 동일한 중수로 하고
>
> _출애굽기 30:34

하나님이 모세에게 성막의 소합향과 나감향, 풍자향을 유향에 섞되 각기 동일한 중수 비율로 섞어 향을 만들라고 지시하였다. 그리고 그 향에 소금을 쳐서 성결하게 하고, 이 배합비율은 지극히 거룩하므로 다른 목적으로 사용하지 말라고 하였다. 또 백성 중에서 이 향을 즐기기 위해 만드는 자는 끊쳐지리라죽는다고 엄중하게 경고하였다. 그만큼 이 향을 고귀하게 여긴 것이다. 따라서 절대로 이 나무를 벌채해서도 안되는 것으로 여겼으며, 지금도 민간에서는 지켜지고 있다. 여기의 소합향은 서양때죽나무의 나무진인 나타프향을 말하며, 영어 성경에는 스택티stacte로 나온다.

### 토막상식

**서양때죽나무 꽃** © V. lattanzi
꽃은 종(鍾) 모양이고 흰색 또는 크림색을 띠며, 잎겨드랑이에서 아래로 드리워 피운다.

# 에셀나무(위성류)

에셀나무의 학명은 타마릭스(*Tamarix* spp.)이고, 영어 이름은 타마릭스 트리(tamarix tree)이다. 중국어 이름은 위성류(渭城柳)이며, 우리나라도 위성류라는 중국어 이름을 그대로 빌려 쓰고 있다. 성경에서는 에셀(eshel)이라는 히브리어 이름을 사용하고 있으며, 성지에는 민위성류(*T. aphylla*), 만나위성류(*T. mannafera*), 프랑스위성류(*T. gallica*), 나일위성류(*T. nilotica*) 등이 자생한다.

에셀나무는 지중해 연안에서 중앙아시아와 중국에 이르는 지역의 염분도가 높은 사막이나 산악지대 및 반건조 지대에 약 75종이 분포한다. 지중해 연안에는 약 10여 종이 자생하고 있다. 건조한 기후에 매우 강하지만 물기가 많은 수습지(水濕地)를 좋아하며, 염분에도 잘 견디기 때문에 지중해 연안, 요르단 유역, 네게브 사막, 아라바 계곡 등 다른 식물들이 살기 어려운 곳에서도 자생한다.

이처럼 건조한 기후의 척박한 환경에서도 살아갈 수 있는 이유는, 땅속 30m까지도 뿌리를 뻗어서 지하수를 흡수하는 능력이 있기 때문이다. 또, 작은 잎이 비늘처럼 겹쳐져서 빽빽하게 나는데, 이것이 수분증발을 억제하기 때문에 건조지에서도 잘 살아갈 수 있다.

에셀나무는 키가 3~4m 정도인 관목이지만, 9m까지 자라는 것도 있다. 꽃은 작고 흰색 또는 연분홍색을 띠며, 수상꽃차례로 핀다. 열매는 많은 씨가 들어 있는 삭과이며, 각 씨의 끝에는 긴 털이 술처럼 나있다.

우리나라에는 중국이 원산지인 위성류(*T. chinensis*)가 들어와서 관상용으로 재배되고 있다. 이 종은 1년에 두 번, 봄(5월)과 가을(9월)에 꽃이 핀다. 봄꽃은 크고 아름다우나 결실하지 않으며, 그 해 자란 가지에서 가을에 피는 꽃이 열매를 맺는다.

▲ 에셀나무(*Tamarix gallica*)

## 광야를 지나는 나그네들의 안식처

아브라함은 브엘세바에 에셀나무를 심고 거기서 영생하시는 하나님 여호와의 이름을 불렀으며,
그가 블레셋 족속의 땅에서 여러 날을 지내었더라 _창세기 21;33-34

아브라함과 그랄왕 아비멜렉의 종들은 브엘세바 부근의 우물로 인해 분쟁이 잦았으나, 아브라함은 암양새끼 일곱 마리를 선물로 주고 자신과 후손들을 위해 우물의 소유권을 확보한다. 그래서 이 우물은 브엘세바로 알려지게 되었으며, 이것은 '일곱 우물일곱 암양 새끼로 산 우물' 또는 '맹세의 우물'이라는 뜻을 가지고 있다. 아브라함은 그곳에 에셀나무를 심어 그 지역에 대한 소유권을 확인하는 한편, 영원한 하나님, 여호와 엘오람영원한 하느님의 이름을 불렀다.

그런데 아브라함은 왜 하필 에셀나무를 심고 기도했을까? 에셀나무는 광야의 척박한 환경에서도 잘 자라는 몇 안되는 나무 중 하나이다. 소금처럼 짠 에셀나무 잎은 새벽녘에 이슬을 머금었다가, 태양 아래서는 그 이슬이 증발하면서 기화열이 발생하기 때문에, 다른 나무에 비해 5~10도 정도 낮은 그늘을 제공해준다. 한낮의 뜨거운 태양 아래에서, 광야의 길을 걸어가는 나그네에게는 이만한 휴식처가 없다. 그래서 아브라함은 나그네들에게 시원한 안식처가 될 수 있는 최고의 녹음수 에셀나무를 심은 것이다.

사울이 다윗과 그와 함께 있는 사람들이 나타났다 함을 들으니라 때에 사울이 기브아 높은 곳에서 손에 단창을 들고 에셀나무 아래 앉았고 모든 신하들은 그 곁에 섰더니 _사무엘상 22;6

사울은 다윗을 잡기 위해 기브아의 높은 지대에 있는 에셀나무 아래에서 참모회의를 개최하였다. 그 주변에서 회의를 개최하기에는 에셀나무 아래가 가장 적합했던 것으로 보인다.

그 뼈를 가져다가 야베스 에셀나무 아래 장사하고 칠일을 금식하였더라

_사무엘상 31:13

불레셋 군이 이스라엘을 공격해오자, 쫓기던 사울은 자결하고 만다. 사울의 세 아들과 부하들마저 죽자, 이스라엘 사람들은 그들의 읍성을 버리고 도망쳐버린다. 불레셋 군은 사울의 시체를 벳산 성벽에 못박아 달아 놓았는데, 나중에 야베스 길르앗에 살던 사람들이 몰래 와서 사울의 시체를 찾아 에셀나무 아래에 장사를 치러주었다. 후에 다윗은 사울의 유골을 찾아와 정식으로 장사를 치러주었다.

## 에셀나무와 만나

이스라엘 자손이 보고 그것이 무엇인지 알지 못하여 서로 이르되 이것이 무엇이냐 하니 모세가 그들에게 이르되 이는 여호와께서 너희에게 주어 먹게 하신 양식이라

_출애굽기 16:15

만나manna는 이스라엘 백성들이 이집트에서 나와 40년 동안 광야를 지나가는 동안에 하느님이 기적적으로 공급하여 먹게 한 음식이다. 만나는 '이것이 무엇이냐?'는 뜻의 히브리어 '만 후man hu'가 어원인데, 땅에 떨어져 있는 만나를 처음 본 이스라엘 백성들이 모세에게 무엇인지 물어본 것에서 유래한 것이다.

〈출애굽기〉 16장 14절-36절, 〈민수기〉 11장 7절-9절, 〈신명기〉 8장 3절-16절, 〈여호수아기〉 5장 12절에 나오는 내용을 종합해보면, 만나에 대해 다음과 같은 사실을 알 수 있다.

"아침 이슬이 마른 후에 광야의 지면에 작고 둥글며 서리 같이 세미한 것이 생기는데, 안식일을 제외한 매일 아침에 모을 수 있다. 해가 높이 떠오

르면 녹아버리므로, 이른 아침에 모으지 않으면 안된다. 한 사람 당 한 오멜씩 거두었다. 다음날까지 남겨둔 것에는 벌레가 생기고 냄새가 나서 질을 떨어진다. 이스라엘 사람들은 40년간 만나를 먹고 생활했으며, 가나안 땅에서 점차 새로운 곡물이 수확되면서, 만나는 돌연 하늘에서 내려오지 않게 되었다."

▲ 〈**만나 채취**〉 제임스 티소

만나가 서쪽 시내 산에서 발견된 어떤 자연적인 식용물질이라는 주장이 많은데, 이 중에서 가장 유력한 것으로는 만나가 위성류*Tamarix gallica*에서 나오는 분비물이라는 것이다. 패각충과의 곤충인 연지충이 나무껍질에 구멍을 내면, 끈적끈적한 수액이 나뭇가지에 쌓이거나 땅에 떨어지게 되는데, 아침 햇빛에 녹기 전에 이 작은 것들을 모은 것이 만나라고 하였다.

성경의 만나와 자연현상에 의해 생기는 만나 사이에는 유사한 점이 있다. 즉 이 두 가지는 모두 이슬과 더불어 아침에 나타나며, 작고 흰 방울 혹은 얇은 조각과 같은 물질로 되어 있다는 점이다. 이 두 물질 사이에는 차이점도 있다. 만나는 갈거나 빻을 수 있으며, 굽거나 삶을 수도 있다. 그러나 위성류의 수액은 그렇게 할 수 없다.

### 토막상식

**에셀나무 꽃**

흰색 또는 분홍색의 자잘한 꽃이 모여, 이삭 모양으로 핀다.

# 쥐엄나무

쥐엄나무(*Ceratonia siliqua*)는 콩과 소속의 상록관목 또는 소교목으로 지중해 연안에 자생하며, 팔레스타인이나 시리아, 이집트 등에서 흔하게 볼 수 있는 나무다. 히브리어로 하루브(haruv)라 하며, 일반적으로 구주콩나무 또는 캐롭나무(carob)로 불린다.

이 나무는 키가 10m 정도이고, 수간 지름이 30cm 혹은 그 이상이며, 반구형의 수관을 형성한다. 잎은 달걀형의 작은잎(小葉)이 3~5쌍씩 붙는 깃꼴겹잎(羽狀複葉)이다. 잎가장자리에 톱니가 없고 가죽질이고 광택이 나며, 물푸레나무 잎과 비슷하다. 지난해 나온 가지에서 꽃잎이 없는 황색 또는 적색의 작은 꽃이 모여, 이삭 모양으로 핀다. 한 나무에 암꽃과 수꽃이 따로 피는 암수한그루(雌雄同株)이며, 수꽃은 불쾌한 냄새를 풍긴다.

4~5월에 콩꼬투리 모양의 열매가 열리는데, 처음에는 녹색이다가 익으면 갈색으로 변한다. 콩꼬투리 속에는 10~15개의 씨가 들어있는데, 끈적끈적하고 단맛이 나는 과육에 싸여 있다. 과육은 꼬투리와 함께 혹은 꼬투리를 제거하고, 가루를 내어서 사탕이나 엿을 만들기도 하고 알콜의 원료로도 사용된다. 덜 익은 꼬투리는 신맛이 나지만, 완전히 익어서 갈색을 띠면 향기가 좋은 시럽이 가득 차게 된다. 지금도 아랍인들은 여기에 각종 조미료를 첨가해서 식용하는데, 먹으면 만나 같은 향이 난다고 한다.

쥐엄나무는 우리나라에 자생하는 주엽나무(*Gleditsia japonica*)와 이름과 콩꼬투리 모양의 열매가 비슷해서 혼동하기 쉬우나, 이 둘은 전혀 다른 나무다. 주엽나무는 낙엽활엽수인데 비해 쥐엄나무는 상록활엽수이다. 또, 주엽나무는 6월에 연녹색 꽃이 피어 10월에 성숙하는데 비해, 쥐엄나무는 여름에 꽃이 피고 다음해 7월에 열매가 성숙한다. 그리고 주엽나무는 열매가 비틀어지는데 비해, 쥐엄나무는 열매가 비틀어지지 않고 평평한 형태를 유지한다.

▲ 쥐엄나무(*Ceratonia siliqua*)

## 가난한 자들의 식량

저가 돼지 먹는 쥐엄 열매로 배를 채우고자 하되 주는 자가 없는지라

_누가복음 15;16

〈누가복음〉에 나오는 '돌아온 탕자'의 비유는 누구나 잘 알고 있는 이야기이다. 한 아들이 아버지에게서 자기 몫의 재산을 미리 받아 먼 나라로 떠나 방탕한 생활을 하다가 모든 재산을 날려버리고, 먹고 살기 위해 돼지 치는 일까지 하게 되었다.

그는 하도 배가 고파서 돼지가 먹는 쥐엄나무 열매를 먹으려했지만, 그것조차 허락되지 않았다고 했다. 당시 돼지 사료로 값싸고 영영소가 풍부한 쥐엄나무 열매를 썼기 때문에 이것을 돼지의 빵swine's bread라고도 불렀다.

유다인들은 돼지를 부정한 동물로 여겨 돼지고기를 먹지 않았을 뿐만 아니라, 그 주검을 만지지도 않았다〈레위기〉 11장 7-8절. 따라서 돼지를 친다는 것 자체가 매우 수치스러운 일이었으며, 하물며 돼지가 먹는 쥐엄나무 열매라도 먹겠다고 생각한 것은 그의 생활이 얼마나 비참했는지를 여실히 말해주고 있다.

아람 사람이 사마리아를 에워싸므로 성중이 크게 주려서 나귀 머리 하나에 은 팔십 세겔이요 합분태 사분 일 갑에 은 다섯 세겔이라

_열왕기하 6;25

시리아가 이스라엘을 침공하였을 때, 하느님은 엘리사를 통해 시리아 군사들을 사마리아로 유인하여 붙잡은 다음, 죽이지 않고 큰 잔치를 베풀어 후하게 대접한 후 돌려보냈다. 그러나 이후에 시리아 왕 벤하닷이 전군을 이끌고 이스라엘을 침공하여 사마리아를 포위하였다. 그들이 몇 년 동안 성을 포위하여, 성안의 사마리아 사람들은 마침내 굶어 죽을 지경에 이르렀다. 이때 이들이 먹은 비상식량 두 가지가 나오는데, 나귀머리와 합분태鴿糞太

가 그것이다. 나귀머리는 먹기에 역겨운 것으로, 평상시에는 먹지 않는다. 또, 합분태는 쥐엄나무의 열매를 말하는데, 이처럼 하찮은 식량이 거래되었다는 것은 성안에 그만큼 먹을 것이 없었다는 것을 뜻한다.

《탈무드》에 의하면, 랍비 시몬 바르 요하이는 로마군을 피해, 그의 아들과 갈릴래아 동굴에 숨어 있는 동안 쥐엄나무 열매와 동굴 옆의 샘물로 12년

▲ 〈돌아온 탕자〉 렘브란트

을 지냈다고 한다.

쥐엄나무 열매는 성서시대에는 물론이고, 지금도 소나 말, 돼지의 사료로 많이 이용된다. 그리고 식량이 부족하면 인간의 먹을거리가 되기도 했으며, 아주 가난한 사람들에게는 일상의 식량이기도 했다. 지중해에 있는 몰타 섬에서는 쥐엄 열매가 대량으로 재배되어, 영국에 말사료로 수출되기도 했다.

로마의 시인 호라티우스Horatius는 "쥐엄나무 열매는 원주민 중에서 가장 가난하고 빈민한 계층 사람들의 식량이다."라고 하였다. 이슬람교도는 쥐엄나무 과육을 감초 뿌리와 건포도, 그 외의 과육을 섞어서 빙과를 만들어 먹었다. 내전으로 심한 피해를 입은 스페인의 궁핍한 농민들도 쥐엄나무 열매를 먹었다고 한다.

## 세례 요한의 빵

> 이 요한은 약대 털옷을 입고 허리에 가죽띠를 띠고 음식은 메뚜기와 석청이었더라
> _마태복음 3:4

〈마태복음〉 3장에 세례자 요한이 메뚜기를 먹었다는 내용이 나온다. 그러나 많은 성경 연구자들은 이 메뚜기가 진짜 곤충 메뚜기가 아니고, 쥐엄

**토막상식**

**세례 요한의 빵**
초기 그리스도인들은 쥐엄 열매를 세례 요한의 빵이라 불렀으며, 지금도 뉴욕의 시장에서는 익은 쥐엄 열매를 '세례 요한의 빵'이라 하며, 팔고 있는 곳이 있다.

나무의 열매라고 주장하고 있다. 그 이유로 히브리어로 쥐엄나무는 하루빔 haruvim이라 하고 메뚜기는 하가빔hagavim이라 하는데, 성경을 옮겨 쓸 때 'r'자를 'g'자로 잘못 필사하여, 광야에 흔한 쥐엄나무 열매가 메뚜기로 바뀌었다는 것이다. 실제로 성지의 광야에는 풀이 부족하기 때문에 메뚜기가 살지 않는다고 한다. 다른 학자들의 의견에 의하면, 메뚜기locusts와 쥐엄나무locust tree를 혼동하여 쥐엄나무 열매를 메뚜기로 오역한 것이라고 한다. 쥐엄나무 열매를 세례 요한의 빵St. John's Bread이라 부르는 것도 여기에서 유래한 것이다.

또 여기에서 언급한 '석청石淸' 역시 우리가 흔히 말하는 양봉에서 얻은 벌꿀이 아니라, 쥐엄나무 열매에서 얻은 꿀이라는 주장도 있다. 왜냐하면 잘 익은 쥐엄나무 꼬투리의 과육은 단맛이 나는 시럽으로 꽉 차있는데, 이 속에는 당분이 30~50% 들어있어서 꿀처럼 달다. 이 시럽으로 꿀이나 엿으로 만들었는데, 이것을 석청이라고 한 것으로 보인다는 것이다. 지금도 이스라엘에서는 쥐엄나무 꿀이 대표적인 웰빙식품으로 인기가 있다고 한다.

## 1캐럿은 쥐엄 종자 1개의 무게

미터법이 없던 시대에는 길이를 재는데 사람의 보폭을 이용하거나, 무게를 재는데 식물의 종자를 이용했다. 쥐엄나무 열매의 종자는 하나의 무게가 대개 0.2g 정도로 균일한 것이 특징이다. 따라서 옛날 지중해 연안에서는 중량이 가벼운 보석의 무게를 측정하는데, 쥐엄나무 종자를 저울추로 사용했다.

보석의 중량 단위인 캐럿carat은 쥐엄나무 종자를 뜻하는 그리스어 캬라티온keration에서 온 말이다. 쥐엄나무 종자가 보석의 무게를 재는데 딱 좋앉기 때문에 붙여진 것이며, 쥐엄나무의 속명 카라티오니아*Carationia*도 여기에서 유래된 것이다.

**토막상식**

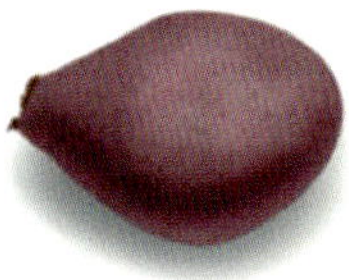

**쥐엄 종자와 1캐럿 보석**

옛날 지중해 연안에서는 보석의 무게를 측정하는데, 쥐엄나무 종자가 저울추로 사용되었다. 보석 1캐럿은 200mg이다.

## 《탈무드》 속의 쥐엄나무

《탈무드》는 유대교의 율법과 관습 · 축제 · 민간전승 등을 총망라한 유다인의 정신적 · 문화적 유산으로, 유다인의 정신적 지주 역할을 해 온 책이다. 《탈무드》에 나오는 이야기이다.

한 젊은 랍비가 길을 가다가 쥐엄나무 씨를 뿌리는 노인을 보았다. 랍비가 그 노인에게, "지금 종자를 뿌리더라도 열매가 열리기까지는 적어도 30년이 걸리는데, 그때는 아마 당신은 이 세상에 없을 텐데요."라고 말했다.

노인은 "나는 내 자신을 위해 씨를 뿌리는 것이 아니요. 나도 다른 사람이 뿌려놓은 쥐엄나무 열매를 먹어 왔으니, 나도 남을 위해서 씨를 뿌리는 것이요. 훗날 나의 자식의 자식들은 지금 내가 뿌린 종자의 열매를 먹고 나에게 감사하게 생각하지 않겠소?"라고 대답했다.

그리고 랍비는 피곤해서, 숲속에서 몸을 누이고 쉬다가 곧 잠이 들었다. 잠에서 깨어나보니, 어느새 70년이라는 세월이 흐른 후였다. 그때는 그 노인이 뿌린 쥐엄나무 씨가 자라서 열매를 달고 있었으며, 젊은 랍비도 노인이 되어있었다. 그리고 주위에는 전혀 모르는 사람들만 있었다.

이 이야기는 워싱턴 어빙Washington Irving의 단편소설 〈립 밴 윙클Rip van Winkle〉의 모티브가 되었다.

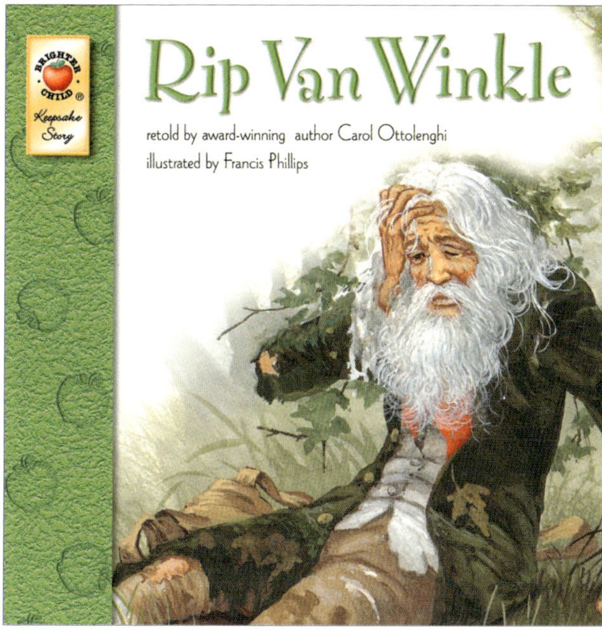


▲ ≪립 밴 윙클≫ 워싱턴 어빙
미국 독립전쟁이 일어나기 전, 한 마을에 살던 게으름뱅이 립 밴 윙클이 산에 올라가서 낯선 이를 만나 술을 얻어 마신 후, 하룻밤 만에 20년이 흘렀다는 줄거리의 단편소설.

**토막상식**

**캐롭 과자** © Relivate
쥐엄나무 열매로 만든 과자.

# 회양목(황양목)

성경 속에서 황양목으로 번역된 나무의 히브리어 이름은 테아슈르(teasshur) 또는 타슈르(tashur)이며, 그리스어 이름은 푸크소스(puxos)이다. 이 나무에 대해서는 학자들 사이에 여러 가지 이견이 있지만, 대체적으로 회양목(*Buxus sempervirens*)이라는 쪽으로 의견이 일치하고 있다. 우리나라 이름 회양목은 강원도 회양(淮陽)에서 많이 자라므로 붙여진 이름이라고도 하고, 재질이 황색이고 버드나무를 닮았다는 뜻의 한자 이름 황양목(黃楊木)이 변하여 회양목이 되었다고도 한다. 중국어 성경에는 황양수(黃楊樹), 황양목(黃楊木) 혹은 줄여서 황수(黃樹)라고 나와 있다.

황양목은 팔레스타인 북부의 산악지대, 갈릴래아의 구릉지, 특히 레바논에 많이 자생하는 내한성이 강한 상록수이다. 나무의 높이는 보통 2~5m이지만, 6~9m까지 자라는 것도 있다. 잎은 작고 타원형이며, 짙은 녹색 위아래에 황녹색이 있어 무늬회양목이라 부르기도 한다. 꽃은 이른 봄에 녹색을 띤 노란색으로 피며, 작지만 향기가 강하다. 줄기는 비교적 가늘어서 지름 18~24cm 이상이 되는 것은 드물다. 재목은 단단하며, 연마하면 멋진 광택이 난다.

우리나라에 자생하는 회양목(*Buxus microphylla*)은 상록활엽관목으로 높이 5~7m 정도 자란다. 잎은 거꿀달걀형이고 마주나며, 잎끝이 약간 뒤로 말린다. 암수한그루이며, 잎겨드랑이에 몇 개의 황록색 암꽃과 수꽃이 모여 핀다. 열매는 삭과로 달걀형 또는 거의 구형이며, 갈색으로 익는다.

회양목은 아주 천천히 자라기 때문에 재질이 매우 단단하고 치밀하면서 잘 쪼개지지 않는 반면 가공하기는 쉽다. 우리나라에서는 예부터 도장 · 목활자 · 호패 · 인쇄판 · 얼레빗 등을 만드는 조각재로 널리 사용되었다. 특히 도장 재료로 많이 사용되었기 때문에 도장나무라고도 부른다.

▲ 회양목(*Buxus sempervirens*)

## 회양목의 쓰임새

레바논의 영광 곧 잣나무와 소나무와 황양목이 함께 네게 이르러 내 거룩한 곳을 아름답게 할 것이며 내가 나의 발 둘 곳을 영화롭게 할 것이라

_이사야서 60:13

회양목황양목은 잣나무, 소나무와 함께 예루살렘에 건설할 신전에 사용하기 위해 레바논에서 조달된 용재로 등장한다. 또, 재질이 치밀하기 때문에 목공예 · 녹로세공 · 빗 · 스푼 · 제도기계 등과 같이 단단함이 요구되는 물건을 만드는데 많이 사용되었다. 예전에는 목판화의 판목版木은 모두 회양목 재목으로 만들었다고 한다.

바산 상수리나무로 네 노를 만들었음이여 깃딤섬 황양목에 상아로 꾸며 갑판을 만들었도다

_에스겔서 27:6

로마인들은 단단한 재목을 얻기 위해 이 나무를 재배하였으며, 이 나무에 상아를 끼워 넣어 가구나 보석함을 만들기도 했다. 〈에스겔서〉에서도 회양목에 상아를 박아 갑판을 장식했다고 하였다.

### 토막상식

**체스의 말** ⓒ Bubba73
회양목은 재질이 단단하고 균일하여, 쓰임새가 많은 나무다. 체스의 말이나 스푼 등 생활용품을 만드는데 많이 사용되었다.

## 회양목에 관한 관습

고대 그리스인이나 로마인들은 도금양 잎이나 월계수 잎이 비너스의 제사에 사용되면, 비너스가 그 보복으로 그들의 정력을 빼앗아 버린다고 생각했다. 회양목 잎도 이들 나뭇잎과 모양이 비슷하기 때문에 꽤 두려움의 대상이 되었다.

유다인들은 잎이 붙은 회양목 가지를 성막의 감사제에 이용하였다. 황야의 초막을 푸른 가지로 장식하던 풍습이 영국에서는 성령강림절에 난로를 나뭇잎으로 덮는 관습으로, 미국에서는 추수감사절에 난로 앞을 나뭇잎으로 장식하는 관습으로 발전한 것이라고 한다.

오늘날에도 여러 나라에서 묘지 주변에 회양목을 많이 심는다. 또, 미국에서 유족들이 관 위에 꽃을 던지는 것처럼, 영국에서는 비교적 최근까지 관을 묻을 때 회양목 가지를 던지는 관습이 있었다.

**토막상식**

**회양목 꽃봉오리**

꽃은 암수한그루로, 이른 봄에 연한 노란색을 띠는 작은 꽃이 몇 개씩 모여서 핀다.

# PART 05:
# 그 외의 나무

# 가시덤불

성경에 가시덤불로 나오는 식물은 히브리어로 헤데크(hedeq), 학명은 소라눔 인카눔(*Solanum incanum*)이다. 영어 이름은 그레이 나이트쉐이드(Gray nightshade) 또는 팔레스타인 나이트쉐이드(Palestine nightshade)이며, 우리 이름은 가시닥풀 또는 가시까마중으로 불린다.

이 식물은 아프리카 남부에서 인도 북부까지 분포하며, 팔레스타인에서는 사해 근처의 골짜기에서 자란다. 엔게디와 여리고의 길가에서도 흔하게 볼 수 있다. 가지과의 반관목성 나무로 키는 0.5~1.5m 정도 자라며, 줄기와 잎 등에 곧게 서거나 뒤로 젖혀진 붉은 빛을 띤 날카로운 가시가 드문드문 나있다. 잎은 어긋나며, 긴 달걀형이고 구불구불하며, 가장자리는 밋밋하다. 잎의 앞면에는 녹색 털이 빽빽이 나있고, 뒷면에는 회색 털이 많다.

감자 꽃과 비슷한 모양의 보라색 꽃이 피며, 노란 수술이 뭉쳐서 가운데에 우뚝 솟아있다.

꽃이 지고 나면 방울토마토와 비슷한 노란색 열매가 드문드문 열린다. 열매 속에는 씨앗이 많이 들어있는데, 이 씨앗이 성숙하여 건조해지면 저절로 터져서 연기나 재처럼 날아가 버린다.

이러한 특징으로 인해 이 식물을 '소돔의 사과'라 부르기도 한다. 하지만 뒤에 나오는 학명이 칼로트로피스 프로체라(*Calotropis procera*)인 소돔의 사과(Apple of sodom)와는 다른 식물이다.

가시덤불(*Solanum incanum*)

## 게으른 자의 길과 같은 식물

게으른 자의 길은 가시울타리 같으나 정직한 자의 길은 대로니라

_잠언 15:19

그들의 가장 선한 자라도 가시 같고 가장 정직한 자라도 찔레 울타리보다 더하도다 그들의 파숫군들의 날 곧 그들의 형벌의 날이 임하였으니 이제는 그들이 요란하리로다

_미가서 7:4

가시덤불은 건조한 사막지대에서 잘 자라며, 성지의 식물상 대부분을 차지하고 있다. 줄기와 가지, 잎 등에는 날카로운 가시가 나있기 때문에, 사람이나 짐승의 출입을 통제하는 울타리로 만들기에 좋은 나무다. 그리고, 가시처럼 거칠고 조악한 물건을 표현할 때도 사용되었다.

《킹 제임스 성경》의 〈미가서〉 7장 4절에서는 가시thorns로, 〈잠언〉 15장 19절에서는 찔레brier로 번역하였다. 〈잠언〉에서는 조금만 방심해도 온통 가시밭길로 변해 버리는 팔레스타인의 거친 풍토에 비유하여, 게으른 자의 길은 가시울타리같이 될 것이라고 경고하였다. 또, 미가 선지자도 자신의 고향 모레셋에서 이 식물을 많이 본 듯하다. 그래서 그는 이스라엘의 부패를 말하면서, 이스라엘 백성들의 모습이 마치 가시덤불과 같다고 하였다.

### 토막상식

**가시덤불 열매** © Nepenthes

노란색 열매 속에는 많은 씨앗이 들어있는데, 성숙해져서 터지면 연기나 재처럼 날아가 버린다.

## 가시가 있는 식물

성경에 등장하는 가시나무, 가시덤불, 딸기나무, 엉겅퀴 등의 이름에 대해서는 많은 이론과 논쟁이 있으며, 어느 것도 완전히 합의된 의견은 거의 없다. 따라서 이들은 대부분 가시를 가지고 있는 식물 전체에 대한 일반적인 이름으로 생각하면 된다.

> 군병들이 가시로 면류관을 엮어 그의 머리에 씌우고 자색 옷을 입히고
>
> _요한복음 19;2

또, 이들 식물은 무가치, 비생산성, 형벌, 고통 등 부정적인 이미지로 사용되며, 심지어 없애버리거나 불태워버려야 하는 대상으로 묘사되기도 한다. 예수님의 가시면류관이 가장 좋은 예이다.

**토막상식**

**가시덤불 꽃**

5장의 꽃잎을 가진, 감자 꽃과 비슷한 모양의 보라색 꽃이 핀다.

# 담쟁이덩굴

성경 속에 담쟁이덩굴로 번역되어 있는 식물의 그리스어 이름은 키소스(kissos)이며, 히브리어 이름도 이와 비슷한 쿠소스(k′soos)이다. 학명은 헤데라 헬릭스(*Hedera helix*)이고, 보통 서양담쟁이덩굴 또는 잉글리시아이비(영국송악)라고 부른다. 속명(*Hedera*)은 유럽산 송악(ivy)의 옛 라틴어 이름에서 유래된 것이며, 종소명(*helix*)은 '감아 말아가는(winding around)'이라는 뜻으로 덩굴식물을 나타낸다.

서양담쟁이덩굴은 유럽 · 북아프리카 · 아시아 등에 분포하며, 길이 30m까지 자라는 상록성 덩굴식물이다. 가지에서 공기뿌리(氣根)가 나와 벽이나 다른 물체에 붙어 자란다. 상록성 잎은 가죽질(革質)이며, 광택이 나고 진녹색을 띤다.

잎 모양이 삼각형과 비슷하며, 잎끝이 3~5개로 얕게 갈라진다. 잎가장자리에 톱니가 없고, 잎자루(葉柄)는 긴 편이다. 꽃은 10월에 가지 끝에 녹황색의 산형꽃차례(傘形花序)로 핀다. 열매는 둥글고, 다음해 봄에 검은색으로 익는다.

우리나라의 해안과 도서지방의 숲속에 자생하는 상록 덩굴식물 송악(*Hedera rhombea*)도 이와 모양이 비슷하다. 담장에 많이 올리기 때문에 담장나무라고도 하며, 소가 잘 먹는다고 하여 남쪽 지방에서는 소밥나무라고도 한다. 송악의 종소명 롬베아(*rhombea*)는 '마름모꼴의'라는 뜻으로 잎의 모양을 표현한 것이다.

▲ 담쟁이덩굴(*Hedera helix*)

## 그리스도교와 담쟁이덩굴

> 게다가 달마다 임금의 생일이 되면 끌려가서 지독한 강요를 받아 이교 제사에 참석할 수밖에 없었다. 또 디오니소스 축일이 되면, 담쟁이덩굴로 엮은 관을 쓰고 디오니소스를 찬양하는 행렬을 하도록 강요받았다.
>
> _마카베오하 6:7

〈마카베오서〉는 대부분의 기독교에서 정경으로 취급하는 책으로, 유다인들의 저항 지도자 유다 마카베오에 대해 쓴 역사서이다.

6장에는 유다인들이 담쟁이덩굴로 만든 관을 쓰고, 이교의 예식을 강요받는다는 내용이 나온다. 유다인들은 담쟁이덩굴을 손에 들고 걷는 것 자체를 싫어하는 것은 아니었다. 그들이 항의한 것은 이교도의 신원에 들어가 그 신을 숭배하도록 강요받은 사실이었다.

담쟁이덩굴과 영국호랑가시나무*Ilex aquifolium*는 항상 종교의식이나 제례와 결부되어 있다. 담쟁이덩굴은 고대 그리스인들이 술의 신 디오니소스에게 봉헌한 식물 가운데 하나였으며, 호랑가시나무는 로마인이 농신제에 사용한 식물이었다.

그리스도 교회는 고대 그리스와 로마 사람들이 호랑가시나무와 담쟁이덩굴을 사용하던 관습을 채택하였는데, 이것은 사람들의 오랜 관습을 비난하

### 토막상식

**호랑가시나무**

호랑가시나무의 푸른 잎과 붉은 열매는 크리스마스트리나 카드의 장식으로 많이 사용된다.

고 말살하기보다는 자연스럽게 기독교 속으로 도입하는 것이 선교에 도움이 된다고 판단했기 때문이다. 영국교회는 헨리 4세가 즉위할 때부터 크리스마스에 호랑가시나무와 담쟁이덩굴을 사용하기 시작했다.

몇 세기가 지나는 사이에 호랑가시나무와 담쟁이덩굴은 본래 가지고 있던 이교도적인 의미는 완전히 없어져버렸으며, 오늘날은 영원한 생명을 상징하는 상록의 심볼로 교회와 가정에서 환영을 받는 식물이 되었다.

## 아이비 신화와 담쟁이덩굴의 전설

그리스 신화에서는 술의 신 디오니소스Dionysus가 아이비에서 태어났다고 한다. 요정 키소스Kissos는 디오니소스의 열렬한 숭배자였다. 신들의 잔치에 초대받은 키소스는 있는 힘을 다하여 춤을 추다가, 디오니소스의 발아래에 쓰러져 죽고 말았다. 이에 감동한 디오니소스는 키소스의 우아한 무용을 칭송하였으며, 죽은 키소스를 아이비로 변하게 했다.

이처럼 아이비는 술의 신 디오니소스와 관계가 깊기 때문에, 예로부터 나쁜 술버릇을 예방하는 식물로, 또 술버릇이 나쁜 아버지나 연인을 고치는 '바쿠스의 비법'의 재료로 사용되었다. 바쿠스Bacchus는 로마 신화에 등장하는 술의 신으로, 디오니소스에 해당한다. 그 역시 아이비와 관련이 있으며, 그가 쓰고 있는 관도 아이비로 만든 것이었다.

담쟁이덩굴에는 다음과 같은 전설이 전해진다.

옛날 그리스에 히스톤이라는 처녀가 살았다. 그녀는 부모의 말씀을 목숨보다도 소중하게 여기는 착하고 아름다운 아가씨였다. 결혼할 시기가 되자, 그녀는 부모가 정해준 청년과 얼굴도 보지 않고 약혼을 하게 되었다. 다만 먼발치에서 그의 키 큰 그림자만 보았을 뿐이었다.

그런데 결혼식을 얼마 남기지 않고 갑자기 전쟁이 나서 약혼자는 전쟁터로 나가게 되었다. 그리고 전쟁이 끝나고 몇 해가 지나갔지만 약혼자는 돌아오지 않았고, 그녀의 부모도 늙어서 죽고 말았다. 전쟁을 끝내고 돌아온 장병들은 아름다운 히스톤에게 반해서 그녀에게 청혼했지만, 히스톤은 기약없이 약혼자만 기다렸다. 히스톤이 기억하는 약혼자의 모습이라곤 그의 긴 그림자뿐이었다.

기다림에 지친 히스톤은 약혼자의 그림자가 지나간 바로 그 자리에 자신을 묻어 달라는 유언을 남기고 죽었다. 다음해 봄에, 히스톤의 무덤에서 덩굴이 돋아나더니 점점 높은 곳으로 타고 올라가기 시작했다. 그래서 사람들

▲ 〈**병든 바쿠스**〉 카라바지오

은 그녀의 넋이 이 덩굴에 깃들어있다고 생각하고 '처녀 덩굴'이라는 이름을 붙여주었다. 담쟁이덩굴의 속명 파르테노치수스*Parthenocissus*는 라틴어 parthenos처녀와 cissus덩굴의 합성어로 '처녀 덩굴'이라는 의미이다.

**토막상식**

**담쟁이덩굴 열매**

열매는 핵과이고 둥글며, 다음해 봄에 검은색으로 익는다.

# 몰약나무

몰약을 생산하는 몰약나무는 학명이 콤미프호라 아비시니카(*Commiphora abyssinica*)이다. 히브리어 이름은 모르(mor), 그리스어 이름은 무라(murra)이며, 영어 이름은 미르(myrrh)이다. 이 이름의 어원은 아랍어 mur, 즉 '몹시 쓰다'는 뜻에서 비롯된 것이다.

이 나무는 아라비아 · 아비시니아 · 이디오피아 · 동부아프리카의 소말리아 해안 등이 원산지이며, 대개 암석지대나 석회암 구릉지대에서 생육하는 관목이다. 잎은 3장의 작은잎을 가진 겹잎이고, 열매는 계란꼴의 타원형이며 자두와 비슷하다. 또, 굵고 단단한 가지와 가시가 있으며, 목재와 수피에서 강한 방향을 풍긴다.

줄기나 가지에서 고무 같은 수액 방울이 자연적으로 분비되며, 인공적으로 자르면 한층 더 많은 양이 나온다. 그러나 양을 늘리기 위해 상처를 내면 수액의 상품가치가 떨어진다. 금방 분비된 수액은 부드럽고 점성이 있으며, 색깔은 희거나 노란빛을 띤 갈색이다. 이 수액이 가지에서 땅으로 떨어지면 굳어져서 나무진이 된다. 이 나무진을 수집한 것이 몰약인데, 맛은 쓰고 톡 쏘는 자극성이 있으며, 향이 매우 강하다.

수렴제 · 살균제 · 항염증제로 주로 구강의 국소치료 · 입몸질환 · 구강궤양 등에 사용된다. 또, 옛날부터 미이라의 방부제로 사용되었다. 몰약을 향으로 넣은 향료는 고대 이집트 · 그리스 · 로마 등에 널리 보급되었으며, 현대 유럽 화장품의 원류가 되었다.

《동의보감》에는 "몰약은 성질이 평(平)하고 따뜻하다. 맛은 쓰며 맵고 독이 없다. 징가(癥瘕, 배 속에 덩어리가 생기는 병)와 어혈이 뭉친 것을 깨뜨리고 지통시킨다. 타박상, 근골이 부러져 어혈이 생기고 아픈 것, 쇠붙이에 다친 상처, 매맞아 다친 것, 온갖 악창, 치루에 자주 쓴다."라고 쓰여 있다.

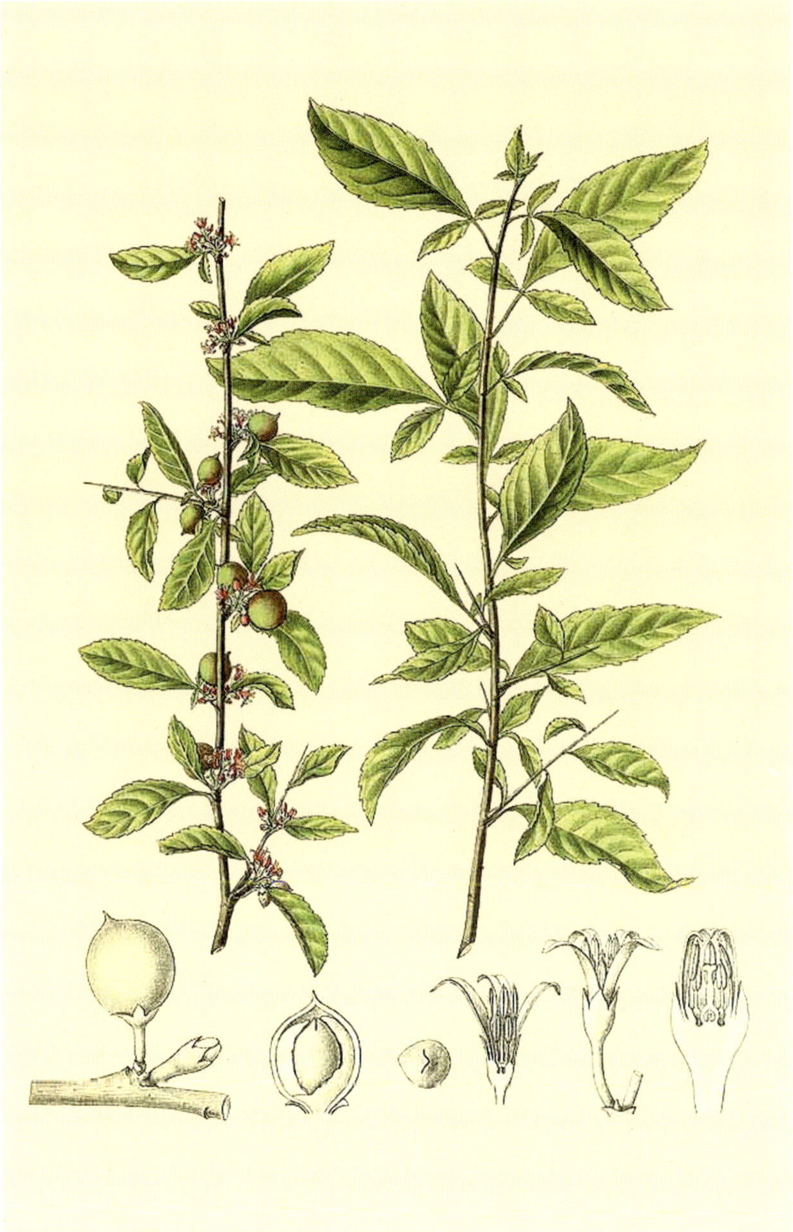

▲ 몰약나무(*Commiphora abyssinica*) © T. Guerke

## 고귀한 향료

집에 들어가 아기와 그 모친 마리아의 함께 있는 것을 보고 엎드려 아기께 경배하고 보배합을 열어 황금과 유향과 몰약을 예물로 드리니라

_마태복음 2:11

몰약은 유향과 함께 성경에 자주 등장하는 중요한 향료 중 하나이다. 예수님이 태어났을 때, 동방박사 세 사람이 귀한 예물을 가지고 별을 따라가서 아기 예수님이 있는 곳에 이르러 엎드려 경배하고, 보배함을 열어 황금과 유향 그리고 몰약을 예물로 드렸다는 사실에서도 잘 알 수 있다.

▲ 〈동방박사의 경배〉

너는 상등 향품을 취하되 액체 몰약 오백 세겔과 그 반수의 향기로운 육계 이백 오십 세겔과 향기로운 창포 이백 오십 세겔과
계피 오백 세겔을 성소의 세겔대로 하고 감람 기름 한 힌을 취하여
그것으로 거룩한 관유를 만들되 향을 제조하는 법대로 향기름을 만들찌니
그것이 거룩한 관유가 될찌라

_출애굽기 30:23-25

하느님이 모세에게 몰약 · 육계 · 창포 · 계피 등으로 거룩한 기름을 만들라고 하였다. 이 기름은 성별聖別하는 기름으로 회막과 증거궤 등 성소와

기물들을 성결케 하는데 쓰일 뿐 아니라, 모세가 아론과 그 아들에게 기름을 발라 거룩하게 성별 하고 제사장 직분을 행하게 할 때에도 쓰였다. 단, 일반 백성이 사용하면 죽는다고 할 정도로 아주 귀한 것이었다.

몰약은 태양신 헬리오폴리스Heliopolis의 제단에서 매일 정오에 피우는 향이었으며, 페르시아의 역대 왕들은 왕관 속에 몰약을 넣어두었다고 한다. 영국에서는 제임스 3세의 통치시대까지, 몰약은 유향과 더불어 왕실의 예배당에서 의식을 행할 때 태우는 향료의 하나였다.

## 몰약의 쓰임새

쓸개 탄 포도주를 예수께 주어 마시게 하려 하였더니 예수께서 맛보시고 마시고자 아니하시더라 _마태복음 27:34

몰약을 탄 포도주를 주었으나 예수께서 받지 아니하시니라 _마가복음 15:23

몰약나무의 진을 수집한 것이 몰약인데, 그 맛은 쓰고 톡 쏘는 자극성이 있으며 향이 매우 짙다. 그래서 '쓰다'는 뜻에서 몰약이라는 이름이 생겨났다. 〈마태복음〉과 〈마가복음〉에는 "예수님을 십자가에 못 박고자 골고다로 끌고 가서 몰약을 탄 포도주를 드렸으나 드시지 않으셨다."는 기록이 있는데, 이는 그 맛이 얼마나 쓴가 하는 것을 쓸개 탄 포도주로 표현하고 있다.

나의 사랑하는 자는 내 품 가운데 몰약 향낭이요 _아가 1:13

연기 기둥과도 같고 몰약과 유향과 장사의 여러가지 향품으로 향기롭게도 하고 거친 들에서 오는 자가 누구인고 _아가 3:6

다윗이 몰약의 향을 노래로 찬양하고, 솔로몬이 그 향을 즐겼다는 이야기로부터 히브리인들이 몰약을 향수로도 높게 평가했다는 사실을 알 수 있다.

몰약은 성유聖油 성분의 하나로, 몰약에 알로에 · 육계 · 계피를 더해서 가정용 향수로 사용하였다.

> 내 침상에는 화문 요와 애굽의 문채 있는 이불을 폈고
> 몰약과 침향과 계피를 뿌렸노라 _ 잠언 7;16-17
> 왕의 모든 옷은 몰약과 침향과 육계의 향기가 있으며 상아궁에서 나오는
> 현악은 왕을 즐겁게 하도다 _시편 45:8

또, 몰약은 훌륭한 청정제로 많은 사람들의 사랑을 받았다. 성경 곳곳에 왕의 침실이나 왕의 옷에 몰약을 사용했다는 기록이 있다. 유다인만이 종교의식에 몰약을 사용한 것은 아니었으며, 고대 이집트인들도 사원에서 몰약을 향으로 피웠다고 한다. 몰약을 태우면 강렬한 향기를 풍기는데, 이 향기는 악취를 제거해줄 뿐 아니라, 진통과 방부의 약리작용이 있다고 해서 예로부터 수렴성 강장제로 사용되었다. 동양 제국에서도 몰약은 향료 · 향수 · 약품 등의 용도로 널리 사용되었다.

> 일찍 예수께 밤에 나아왔던 니고데모도 몰약과 침향 섞은 것을 백 근쯤
> 가지고 온지라
> 이에 예수의 시체를 가져다가 유다인의 장례법대로 그 향품과 함께 세마포
> 로 쌌더라 _요한복음 19;39-40

몰약은 피부외용 청정제나 사자의 시신 방부제로도 사용되었으며, 특히 이집트에서는 미이라를 만들 때 사용한 향품이었다. 유다인이 몰약을 시신의 방부보존용으로 사용한 사실을 니고데모를 통해서도 알 수 있다.

예수님을 장사한지 사흘만에, 무덤을 다시 찾아온 여인들은 부활한 예수님을 처음으로 만나는 영광을 맞는다. 이들을 '몰약을 든 사람들', 즉 미르베어러myrrhbearers라 하며, 그 뜻은 '예수님의 부활을 처음으로 목격한 여인들'이다.

▲ 〈무덤에 간 여인들〉

그러나 일반적으로 미르베어러라고 하면 몇몇 여인들 중에서도 특히 막달라 마리아를 말한다. 넓은 의미에서는 아리마대 요셉과 니고데모도 '몰약을 든 사람들'에 포함된다.

## 또 다른 몰약나무

그들이 앉아 음식을 먹다가 눈을 들어 본즉 한 떼 이스마엘 족속이 길르앗에서 오는데 그 약대들에 향품과 유향과 몰약을 싣고 애굽으로 내려가는지라

_창세기 37:25

그들의 아비 이스라엘이 그들에게 이르되 그러할찐대 이렇게 하라 너희는 이 땅의 아름다운 소산을 그릇에 담아가지고 내려가서 그 사람에게 예물을 삼을찌니 곧 유향 조금과 꿀 조금과 향품과 몰약과 비자와 파단행이니라

_창세기 43:11

몰약은 아라비아 · 이디오피아 · 동부아프리카 소말리아 해안 등이 원산지이며, 팔레스타인 지역에서는 생산되지 않는 값비싼 수입품 향료이다. 그런데 위의 성경 구절에 나오는 몰약으로 번역된 롯lot은 팔레스타인이나 시리아산으로, 이스마엘 족속이 길르앗에서 이집트로 팔러가는 수출 상품이었다.

요셉을 미워하던 형들이 요셉을 죽이려 할 때, 마침 낙타를 몰고 길르앗에서 오는 이스마엘 상인들에게 은 이십 냥에 요셉을 팔아넘긴다. 이때 이스마엘 상인들이 낙타에 싣고 이집트로 팔려가던 물품 속에 들어있는 몰약은 진짜 몰약이 아니라, 바로 이 롯이라고 주장하는 성서학자들도 있다.

히브리어 롯lot은 지중해 연안 특히 카르멜산에 많이 자라는, 반일화半日花과 소속의 치스투스 빌로수스*Cistus villosus*의 잎에서 분비되는 끈적거리는 나무진의 향료를 말한다. 라틴어로 라다눔ladanum이라 하는데, 이것은 아시리아어 ladanu에서 비롯된 것으로, 북아프리카에서 latai라 부르는 데

▲ 반일화(*cistus villosus*)

서 유래된 이름이다.

높이 1m 정도 자라며, 잎은 타원형이고 털이 있다. 흰색 또는 분홍색 꽃은 주름이 지고, 열매는 삭과이며 종자는 작다. 반일화半日花라고 한 것은, 꽃이 아침에 피었다 곧 시들어 버려 반나절만 핀다고 하여 붙여진 이름이다. 반일화는 꽃이 피는 시간은 짧지만 항상 새로운 꽃을 많이 피우기 때문에, 유럽에서는 관상용으로 개량되어 널리 재배되고 있다.

이 나무는 몰약나무와 같이 암석지대나 석회암 구릉지대에 많이 자생하며, 꽃이 장미들장미꽃을 닮아서 영어 이름을 락로즈rock rose라고 한다. 옛날에는 이 lot나무진이 자극제 · 거담제 · 정장제 등의 유용한 약제로 쓰였으나, 지금은 주로 향료로 사용된다.

## 스미르나와 몰약나무

아도니스Adonis의 어머니 스미르나Smyrna는 키프로스 섬의 왕 키니라스Cinyras와 왕비 켕크레이스Cenchreis 사이에서 태어났다. 왕과 왕비는 어려서부터 빼어나게 아름다운 스미르나를 몹시 자랑스러워하며 사랑했다.

그런데 부모의 자식 사랑이 도를 넘어 그만 화를 불러오게 된다. 켕크레이스 왕비가 자기 딸이 아프로디테 여신보다 더 아름답다고 말한 것이다. 이 사실이 알려지자, 아프로디테는 화가 나서 아들 에로스를 시켜서 스미르나가 자기 아버지 키니라스를 사랑하게 만들었다.

스미르나는 금지된 사랑에 애를 태우며 절망하지만, 한편으로는 간절히 아버지와의 사랑을 원했다.

한편 그녀는 매우 아름다운 공주였으므로, 사방에서 구혼자가 몰려왔지만 아버지를 연모하는 마음에 모두 거절하였다. 몹시 괴로워하던 공주는 급

기야 죽기로 작정하고 목을 매는데, 마침 유모가 그것을 보고 만류하며 그녀에게 이유를 캐물었다. 그녀는 처음에는 대답을 안했지만, 어려서부터 젖을 먹여 키워준 유모가 끈질기게 묻는 바람에 결국 사실을 말하게 된다.

이 사실을 알게 된 유모는 스미르나의 금지된 사랑이 죽음에 닿아 있음을 알고 그녀를 도와주겠다고 약속했다. 어느 날 왕이 거나하게 취했을 때, 유모가 다가가서 진심으로 왕을 사랑하는 아름다운 처녀가 있노라고 말하고, 스미르나를 그의 침실에 넣어 주었다. 이렇게 해서 아버지와 잠자리를 가진 스미르나는 다음 날도, 또 그 다음 날도 계속 아버지의 품에 안겼다. 그러던 중 어둠 속에 찾아드는 자신의 애인을 보고 싶었던 왕이 등불을 밝히자, 모든 것이 드러나고 말았다. 키니라스는 너무 놀라서 벽에 걸린 칼을 뽑아들고 자신의 딸 스미르나를 죽이려고 덤벼들었다.

스미르나는 재빨리 도망쳐 나와 목숨을 건졌지만, 임신한 몸을 이끌고 이곳저곳을 떠돌아 다녀야 했다. 너무나 지친 그녀는 신에게 기도했다.

▲ 〈아도니스의 탄생〉 마르칸토니오 프란체스키니

"신이시여! 저는 벌을 받을 짓을 하였으므로, 저의 벌을 달게 받겠습니다. 그러나 제가 살아남아 산자들을 욕되게 하고 죽은 자들을 욕되게 하지 않도록, 두 영역에서 저를 내쫓으시고 저를 변하게 하시되 살지도 죽지도 않게 해주시옵소서!"

기도를 마치자, 그녀의 몸이 변하기 시작했다. 뼈는 단단한 나무줄기가 되고, 피는 나무수액이 되고, 팔과 손가락은 크고 작은 가지로 변했으며, 몸 전체가 나무껍질로 덮이기 시작했다. 그리고 마침내 몰약나무로 변한 것이다.

그녀는 자신의 몸을 잃으면서 감정도 잃어버렸으나, 나무에서 뜨거운 눈물이 흘러나와 똑똑 떨어졌다. 이 방울져 떨어지는 몰약은 훗날 그녀의 이름을 따서 미르myrrha라고 불렀다스미르나의 라틴어 이름이 미르이다.

한편 그녀의 뱃속에 들어있던 아기는 나무 안에서 계속 자라났다. 나무로 변한 스미르나는 진통이 왔으며, 그 고통은 이루 표현할 수도 없었다. 나무는 해산하는 여인처럼 몸을 구부린 채 신음하면서 진액 같은 눈물을 흘렸는데, 이를 가엽게 여긴 해산의 여신 에일레이튀아가 주문을 외자 나무가 갈라지면서 그 벌어진 틈 사이로 사내아이가 태어났다. 이 아기가 바로 아름다운 용모를 가진 미남 아도니스이다.

**토막상식**

**몰약**

몰약나무에서 채취한 진으로, 근래에는 피부약 · 샴푸 · 치약 등으로 가공되어 시판되고 있다.

# 서양박태기나무

서양박태기나무(*Cercis siliquastrum*)는 남부 유럽과 서아시아, 팔레스타인 등 지중해 연안이 원산지이다. 이 나무는 콩과 소속의 낙엽활엽소교목으로 높이는 약 10m 정도 자란다. 잎은 어긋나고, 전형적인 하트 모양이다. 잎이 나오기 전에 줄기와 가지에 나비 모양의 진홍색 꽃을 가득히 피운다. 꽃에서는 라일락꽃과 비슷한 향기가 나며, 꿀이 많아서 샐러드에 뿌려 먹기도 한다. 꽃이 지고 나면 납작한 콩꼬투리 모양의 열매가 열리는데, 낙엽이 진 뒤에도 떨어지지 않고 달려있다. 한 꼬투리 안에 납작한 타원형의 씨앗이 3~8개 들어 있다.

서양박태기나무가 이스가리옷 유다가 목매어 죽은 나무라는 전승이 전해지고 있다. 이 전승에 의하면 '더러운 죄인이 목 맨 나무'가 된 것을 부끄러워 한 나머지, 흰 꽃을 피우던 나무가 붉은 꽃을 피우게 되었다고 한다.

이에 비해, 우리나라에서 이른 봄이면 흔하게 볼 수 있는 중국 원산의 박태기나무(*Cercis chinensis*)가 있다. 아주 오래 전에 중국에서 들여온 낙엽활엽관목으로 키가 3~4m 정도 자란다. 잎은 심장꼴 둥근형이고 어긋나며, 열매는 좁고 긴 타원형의 꼬투리 모양이다. 콩과 식물이기 때문에 척박한 땅에서도 잘 자라며, 햇볕을 좋아하고 추위에도 잘 견딘다.

밥알과 비슷한 모양의 꽃을 피우기 때문에 박태기나무라는 이름으로 불린다. 영어 이름은 차이니스 레드버드(Chinese redbud)이고, 북한에서는 구슬꽃나무라고 부른다.

▲ 서양박태기나무(*Cercis siliquastrum*)

## 배신자 유다의 나무

유다가 은을 성소에 던져 넣고 물러가서 스스로 목매어 죽은지라

_마태복음 27;5

이스가리옷 유다는 예수님이 손수 뽑은 12사도 중 한 명으로, 예수님을 적대시하는 제사장들에게 은화 30전에 예수님을 팔아넘긴다. 최후의 만찬 시, 그 기도가 폭로되어 체포되었을 때, 솔선해서 예수님에게 입을 맞춰 로마병사로 하여금 그 사람이 예수라는 것을 알려 주었다. 그러나 마지막에는 후회하며, 돈을 돌려주고 스스로 나무에 목을 매어 죽는다.

여기에 나오는 나무가 무슨 나무인지에 대해서는, 성경 어디에도 언급되

▲ 〈유다의 입맞춤〉 지오토 디 본도네

어 있지 않다. 하지만 유다가 목을 맨 나무가 서양박태기나무라는 것이 정설처럼 전해지고 있다. 이 나무는 성서에 관한 구전이나 전설과 관련이 있으며, 일명 유다의 나무Judas tree라고도 부른다.

유다가 목을 매기 위해 이 나무를 보았을 때, 이 나무는 굴욕을 이기지 못해 몸을 불사른 나머지 꽃색이 진홍색으로 변했다고 한다. 또, 하트 모양의 잎은 예수님을 팔아넘길 때의 마음과, 뉘우치며 자살을 감행할 때까지 유다의 마음을 표현한 것이라고 한다.

그러나 유다가 목을 맨 나무가 서양박태기나무가 아니라고 하는 학자도 있다. 이들은 무화과나무, 포플라, 테레빈나무, 검은딱총나무 등이었을 것이라고 주장한다.

## 유다의 나무와 유다인의 나무

서양박태기나무는 이스가리옷 유다가 목을 맨 나무이기 때문에, 그의 이름을 따서 유다의 나무라고 부른다는 사실은 앞에서 기술한 바와 같이 널리 알려져 있다. 하지만 이 나무가 유다의 나무라고 알려진 것은 불과 200년 정도에 지나지 않으며, 여기에는 오해가 있는 듯하다.

이러한 오해는 '유다인의 나무'로 불리는 지중해 지역에 자생하는 나무에서 비롯된 것이다. 이 나무의 이름은 올아이아Olaia이고, 별명은 árvore-de-judas유다인의 나무이며, 영어 이름도 주다스 트리Judas tree라고 한다. 즉, 이 나무의 프랑스어 이름 'Arbre de Judée 유다인의 나무'가 잘못 전해져서 '유다의 나무Judas tree'가 된 것이라고 한다.

# 소돔의 사과

소돔의 사과(Apple of Sodom)는 '사막의 떨기나무' 또는 '광야의 저주 받은 레몬'이라는 별명으로도 불린다. 학명은 칼로트로피스 프로체라(*Calotropis procera*)이며, 영어 이름은 기간틱 스왈로우워트(Gigantic swallow-wort)이다. 이 식물이 자라는 곳은 어디에서나 아라비아어 이름 오셔(oshar)로 불린다. 속칭 소돔의 사과(Sodom's apple) 또는 사해의 사과(Dead Sea apple)라고도 불리는데, 이처럼 좋지 않은 이름은 그 열매에서 유래된 것이다.

이 식물은 수단이 원산지이며, 사해 지역과 요르단 계곡, 시나이 반도의 사막지대에서 흔하게 볼 수 있다. 높이가 3~5m 정도 자라는 관목이며, 줄기는 코르크성 껍질에 싸여있다. 나무의 가지를 자르면, 흰 유독성 진액이 흘러나오는데, 이 진액은 독성이 아주 강하기 때문에 아프리카에서는 화살촉에 바르는 독으로 썼으며, 우물에 독을 넣을 때에도 썼다고 한다.

5장의 꽃잎을 가진 화려한 별 모양의 꽃을 피우는데, 꽃잎의 중심부는 흰색이고 바깥쪽은 자주색을 띤다. 잎은 넓은 타원형으로 크고 널찍하며, 잎맥이 뚜렷하다. 열매는 초록색을 띠며 모양은 사과와 비슷하고, 2개씩 달리는데 먹음직스럽다. 열매껍질이 터지면서 그 속에서 흰털이 달린 긴 타원형의 까만 씨 수백 개가 날린다. 구약시대에는 이 씨앗에 붙어있는 희고 긴 털을 등잔용 심지로 사용했다고 한다.

소돔의 사과(*Calotropis procera*)

## 소돔의 멸망과 소돔의 사과

여호와께서 하늘 곧 여호와에게로서 유황과 불을 비 같이 소돔과 고모라에 내리사
그 성들과 온 들과 성에 거하는 모든 백성과 땅에 난 것을 다 엎어 멸하셨더라
롯의 아내는 뒤를 돌아 본고로 소금 기둥이 되었더라
아브라함이 그 아침에 일찌기 일어나 여호와의 앞에 섰던 곳에 이르러
소돔과 고모라와 그 온 들을 향하여 눈을 들어 연기가 옹기점 연기 같이 치밀음을 보았더라

_창세기 19;24-28

소돔과 고모라는 〈창세기〉에 나오는 유명한 악의 도시이다. 아브라함의 조카인 롯은 소돔으로 이주했으나 이곳이 워낙 죄악으로 타락했던지라, 하느님은 아브라함에게 두 도시를 파괴할 예정이라고 했다. 아브라함이 하느님께 만약 그곳에서 열 명의 의인을 찾을 수 있다면, 파괴하지 않겠다는 언약을 받았지만, 결국 그는 열 명의 의인을 찾지 못했다. 하느님은 이 두 도시를 파괴하기로 마음먹고, 미리 천사 둘에게 롯과 그의 가족을 구하게 했다. 하느님은 롯과 가족에게 뒤를 돌아보지 말고 도시를 떠나라고 했으나, 롯의 아내는 뒤를 돌아보는 바람에 소금기둥으로 변했다.

그리고 소돔과 고모라는 불과 유황으로 파괴되었다. 〈창세기〉 19장의 표

▲ 〈소돔과 고모라의 파멸〉 존 마틴

현에 의하면, '연기가 옹기점 연기 같이 치밀었다.' 고 하였다.

'소돔의 사과'라는 이름은 이 과일의 열매가 터져서, 그 속에 있던 씨가 부서져 연기처럼 날아가 버리는 모습과 연관된 상징적인 표현으로 볼 수 있다. 유다인 역사가 요세푸스Josephus는 이 과일을 보고 "겉모양은 보기 좋지만, 손으로 따면 부서져서 연기와 재가 되어 버린다."라고 기술하였다.

## 사막의 떨기나무는 소돔의 사과

> 그들의 포도나무는 소돔의 포도나무요 고모라의 밭의 소산이라 그들의 포도는 쓸개포도니 그 송이는 쓰며
> 그들의 포도주는 뱀의 독이요 독사의 악독이라 _신명기 32;32-33

〈신명기〉의 이 구절에 나오는 '소돔의 포도나무'라는 표현은 히브리어로 게펜 세돔gepen sedom, 영어로는 바인 오브 소돔vine of sodom이다. 이 표현은 '소돔의 사과'와 같은 뜻이며, 타락과 죄악의 도시 소돔이 멸망하듯이, 이 나무의 열매 역시 옳은 열매를 맺지 못하게 될 것이라는 뜻이다.

> 나 여호와가 이같이 말하노라 무릇 사람을 믿으며 혈육으로 그 권력을 삼고 마음이 여호와에게서 떠난 그 사람은 저주를 받을 것이라
> 그는 사막의 떨기나무 같아서 좋은 일의 오는 것을 보지 못하고 광야 간조한 곳, 건건한 땅, 사람이 거하지 않는 땅에 거하리라
> _예레미야서 17;5-6

여기에 나오는 '사막의 떨기나무'도 소돔의 사과를 의미한다. 하느님은 이 구절에서 사람을 믿는 자의 허망한 결과를 사막의 떨기나무에 비유한 것이다. 이처럼 저주받은 떨기나무를 소돔의 사과로 표현한 것은 소돔과 고모라의 파멸과 관련이 있다.

# 유향나무

성경에 나오는 유향(乳香)은 감람나무과의 상록소교목인 유향나무의 가지나 줄기에서 분비되는 방향성 고무수지를 말한다.

유향나무의 히브리어 이름은 레보나(levonah), 그리스어 이름은 유향나무를 의미하는 리바노(libanos)이다. 학명은 보스웰리아 카르테리(*Boswellia carteri*)이며, 영어 이름은 프랑킨센스(frankincense)이다. 남아라비아 · 아비시니아 · 동부아프리카 · 소말리아 · 인도 등에 자생하므로, 히브리인들은 무역에 의해 유향을 조달한 것으로 보인다.

이 나무는 높이가 3~10m 정도 자라며, 줄기껍질은 매우 단단하다. 8~10쌍의 톱니가 있는 작은잎으로 이루어진 깃꼴겹잎(羽狀複葉)이며, 마가목 잎과 비슷하다. 꽃은 작고 분홍색의 별처럼 생겼으며, 총상꽃차례(總狀花序)로 핀다. 줄기나 가지에서 분비되는 방향성 수지는 고무처럼 말랑말랑하며, 유백색의 투명한 액체다. 마치 젖과 같다 하여, 유향(乳香)이라는 이름이 붙여졌다. 이 액이 공기에 노출되면 산화 · 응고되어 황갈색을 띤 유리 파편처럼 투명해졌다가 서서히 검게 변한다.

유황의 색깔은 흰색 · 황색 · 황갈색 등이 있으나, 흰색 유황의 품질이 가장 좋다. 맛은 쓰고, 열을 가하거나 태우면 휘발성 기름 형태의 강한 방향을 내뿜는다. 유황 속에는 휘발성 정유가 함유되어 있어, 사람의 기분을 진정시키는 작용을 하므로 향기요법과 같은 치료 목적으로 쓰이기도 한다.

유향은 이집트 사람들은 물론 고대인들에게 귀중한 향료였으며, 지금도 중요한 향료 수지 중 하나이다.

▲ 유향나무(*Boswellia carteii*) © Hermann Adolf Kohler

## 동방박사의 세 가지 예물 중 하나

집에 들어가 아기와 그 모친 마리아의 함께 있는 것을 보고 엎드려 아기께 경배하고 보배합을 열어 황금과 유향과 몰약을 예물로 드리니라

_마태복음 2:11

헤로데 왕 때, 예수님이 유다 베들레헴에서 나셨는데, 동방에서 온 박사 세 사람이 이 사실을 알고 경배하러 왔다. 그들은 동방에서 본 별이 그들을 앞서 가다가 마침내 아기가 있는 곳 위에 이르러 멈추자, 그 집으로 들어가 아기 예수님을 보고 엎드려 경배하였다. 그리고 보물 상자를 열어 황금과 유향과 몰약을 예물로 드렸다.

▲ 〈동방박사의 경배〉 헤라르트 다비드

가장 고귀한 분에게 드리는 예물로 유향이 선택된 것은, 당시에 유향이 가장 귀한 물건이었음을 말해주고 있다. 함께 예물로 드린 몰약은 방부제로 장례에 사용되기도 하지만, 유향은 오로지 하느님께 바치는 향기로운 제물로 사용되었다. 시바의 여왕이 솔로몬왕을 만나러 왔을 때도 많은 유향을 바쳤다고 한다. 로마 황제 네로가 왕비 포파에아의 장례식 때에, 도시 전체가 일 년 동안 쓸 유향을 사용했다는 이야기도 있다.

## 거룩한 제물

성경 속에는 유향이 22회 나오는데, 그 중에 16회는 종교의 예배와 연관되어 사용되었으며, 2회는 명예를 찬양하기 위해, 1회는 상품으로, 2회는 솔로몬 왕궁의 정원의 산물로 나온다.

> 여호와께서 모세에게 이르시되 너는 소합향과 나감향과 풍자향의 향품을 취하고 그 향품을 유향에 섞되 각기 동일한 중수로 하고
> 그것으로 향을 만들되 향 만드는 법대로 만들고 그것에 소금을 쳐서 성결히게 하고
> _출애굽기 30:34-35

유향은 솔로몬 통치 이전에는 주로 성막과 성전의 희생물을 봉헌하는 의식에 사용되었다. 〈출애굽기〉에서는 하느님의 회막 안의 증거궤 앞에 두는 지극히 거룩한 가루향을 만들 때에 다른 향품들과 유향을 같은 분량으로 섞어 만들어서, 그 향을 가장 거룩한 것으로 다루었다. 그리고 이 향은 하느님을 위한 거룩한 향이므로, 사람을 위하여 만들지 말라고도 하였다.

성전에서는 하루에 약 900g 정도의 유향이 사용되었으며, 일 년으로 치

면 대략 320kg이라는 막대한 양이 필요했다. 따라서 이와 같이 많은 양의 유향을 충당하기 위해, 향을 만드는 전문가가 필요했다고 한다.

그 아내를 데리고 제사장에게로 가서 그를 위하여 보리 가루 에바 십분지 일을 예물로 드리되 그것에 기름도 붓지 말고 유향도 두지 말라 이는 의심의 소제요 생각하게 하는 소제니 곧 죄악을 생각하게 하는 것이니라

_민수기 5;15

〈민수기〉에서는 유향은 죄악을 생각하게 하는 의심의 소제에는 쓰지 못하게 하여, 그 거룩함을 말해 주고 있다.

그 위에 기름을 붓고 그 위에 유향을 더할찌니 이는 소제니라

_레위기 2;15

만일 힘이 산비둘기 둘이나 집비둘기 둘에도 미치지 못하거든 그 범과를 인하여 고운 가루 에바 십분 일을 예물로 가져다가 속죄 제물로 드리되 이는 속죄제인즉 그 위에 기름을 붓지 말며 유향을 놓지 말고

_레위기 5;11

〈레위기〉 2장에서는 제사 의식의 분향제로 화제나 소제에 쓰이는 거룩한 향료로 향유가 나온다. 또, 〈레위기〉 5장에서는 속죄제로 사용되었음을 보여주고 있다.

## 길르앗 유향(야곱의 유향)

그들이 앉아 음식을 먹다가 눈을 들어 본즉 한 떼 이스마엘 족속이 길르앗에서 오는데 그 약대들에 향품과 유향과 몰약을 싣고 애굽으로 내려가는 지라

_창세기 37;25

그들의 아비 이스라엘이 그들에게 이르되 그러할찐대 이렇게 하라 너희는 이 땅의 아름다운 소산을 그릇에 담아가지고 내려가서 그 사람에게 예물을 삼을찌니 곧 유향 조금과 꿀 조금과 향품과 몰약과 비자와 파단행이니라

_창세기 43;11

야곱이 요셉에게 양을 치고 있는 형들에게 가보라고 했다. 요셉을 미워하던 형들은 요셉이 오자 그를 구덩이에 처넣고 죽이려했다. 그때 마침 낙타를 몰고 길르앗에서 오는 이스마엘 상인들에게 은 이십 냥에 요셉을 팔아넘긴다. 이렇게 하여 요셉은 이집트로 팔려가게 된다. 이때 이스마엘 상인들이 낙타에 싣고 이집트로 팔려가던 물품 속에 유향이 있다.

이 유향을 채취하는 나무는 앞에서 설명한 수입 유향을 채취하는 나무와는 다른 것이다. 이 나무는 이스라엘 특산식물로 1~3m 정도 자라는 옻나무과의 상록관목으로, 지중해 연안 및 남유럽이 원산지이다. 학명은 피스타치아 렌티스쿠스*Pistacia lentiscus*이고, 영어 이름은 마스틱mastick 또는 마스틱 트리mastick tree이다.

▲ 길르앗 유향나무 ⓒ Ollios

# 참·고·문·헌


- 정정숙 전도사의 성서식물 정정숙, 크리스챤뮤지엄, 2013.
- 원색 성서식물 이창복, 향문사, 1994.
- 열린다 성경 식물 이야기 류모세, 두란노서원, 2014.
- 성서의 식물 최영전 아카데미서적, 1996.
- 성서의 식물 마이켈 조하리, 김준민 옮김, 보진제, 1986.
- 그림 속 성경 이야기 김영준, 제니앤제이제이, 2015.
- 명화로 여는 성경 전창림, 어바웃어북, 2017.
- 성경 속 동물과 식물 허영엽, 평화방송 · 평화신문, 2009.
- 성경에 나오는 약용식물 김일혁, 약업신문, 2011.
- 성경의 식물들 남대극, 삼육대학교출판부, 2008.
- 성서의 식물 마이켈 조하리, 김준민 옮김, 보진제, 1986.
- 나무 스토리텔링 이광만, 나무와문화연구소, 2018.
- 그림으로 보는 식물용어사전 이광만, 나무와문화연구소, 2015.
- 길가메시 서사시 N.K. 샌다스, 이현주 옮김, 범우사, 1978.
- Plants of Bible Harold N. Moldenke and Alma L. Moldenke, Dover Publication, Inc, 1952.
- A Dictionary of the Bible William Smith, Thomas Nelson Inc, 2004.
- 聖書の植物 松村義敏, 富山房, 1953.
- 新聖書植物図鑑 広部千恵子, 教文館, 1999.
- 聖書と花 安部薫, 八坂書房, 1992.
- 聖書の植物物語 中島路可, ミルトス, 2000.
- 聖書植物園図鑑 西南學院大學, 丸善プラネット, 2017.
- 성경의 식물 명칭에 대한 연구 김영숙, 박사학위논문, 대구가톨릭대학교 대학원, 2017.
- 성경의 식물들 명칭 번역에 관한 소고 임봉대, 대한성서공회, 2012.
- 세계의 약용식물 Ben-Erik, Van Wyk, 신일북스 2007.

# 참고 웹사이트

- 대한성서공회 http://www.bskorea.or.kr/bible/korbibReadpage.php
- 일본어 성서 http://bible.salterrae.net
- 중국어 성경 http://bible.fhl.net/ob
- 산림청 국가생물종지식정보시스템 http://www.nature.go.kr/index.jsp
- 나무세계 http://treeworld.co.kr/a01_01_02
- Flowers in Israel http://www.flowersinisrael.com/Acaciatortilis_page.htm
- 西南學院 聖書植物園 http://www.seinan-gu.ac.jp/shokubutsu
- 국가표준식물목록 http://www.nature.go.kr/kpni
- 식물목록 http://www.theplantlist.org
- 굿뉴스 http://maria.catholic.or.kr/main
- 위키피디아 https://www.wikipedia.org
- 위키미디어 https://commons.wikimedia.org
- 네이버 https://www.naver.com
- 구글 https://www.google.co.kr
- 바이두 http://www.baidu.com
- 야후 재팬 https://www.yahoo.co.jp

# 색 · 인(나무이름)

## 색 · 인(성경구절)